# NUEVO

# español sin fronteras

# ESF2

## Libro del alumno

Jesús Sánchez Lobato

Concha Moreno García

Isabel Santos Gargallo

*Español Lengua Extranjera*

SOCIEDAD GENERAL ESPAÑOLA DE LIBRERÍA, S. A.

SGEL

Primera edición, 2005
Segunda edición, 2007


Produce: SGEL-Educación
Avda. Valdelaparra, 29
28108 Alcobendas (Madrid)


© Jesús Sánchez Lobato
   Concha Moreno García
   Isabel Santos Gargallo


© Sociedad General Española de Librería, S. A., 2005
   Avda. Valdelaparra, 29 - 28108 Alcobendas (Madrid)


© Matt Groening, p. 67
© Maitena, p. 101


Diseño y maquetación: Dayo 2000
Cubierta: Carla Esteban
Ilustraciones: Gabriel Flores, Carlos Molinos,
Fotografías: Archivo SGEL, Cordon Press, Héctor de Paz

ISBN-10: 84-9778-165-1
ISBN-13: 978-84-9778-165-7
Depósito legal: M-5282-2007
Impreso en España - Printed in Spain

Impresión: Edigrafos, S. A.

# PRESENTACIÓN

El presente método de enseñanza-aprendizaje de español como lengua segunda (L2) / lengua extranjera (LE) –corregido, renovado y actualizado, en sus contenidos y en su diseño– está dirigido a todas aquellas personas (especialmente adultos, universitarios y profesionales), que se acercan por vez primera a la lengua y cultura españolas. Es un método ágil, basado en las funciones comunicativas, y estructuralmente graduado de menor a mayor complejidad.

Sus tres niveles han sido adaptados siguiendo las indicaciones del Consejo de Europa en su *Marco común europeo de referencia para las lenguas,* y corresponden a los niveles A1-A2, B1-B2 y C1.

La doble consideración de la lengua como sistema y como instrumento de comunicación nos ha llevado a dar prioridad compartida a los **contenidos gramaticales y funcionales.** Por ello, hemos perseguido un equilibrio perfecto, pocas veces conseguido en los métodos de español, mediante la integración rigurosa y progresiva de:

- Los elementos gramaticales y léxicos, y su empleo en situaciones concretas de comunicación y en contextos funcionales.

- La competencia comunicativa para el intercambio lingüístico.

Por esta razón, podemos decir que *Nuevo español sin fronteras* es un **método a la vez comunicativo y gramatical,** que utiliza modelos de la lengua auténticos en contextos reales, siempre desde el registro culto, con prioridad absoluta a la manifestación oral, aunque a veces ésta se aproxime a lo coloquial y sin menospreciar la manifestación escrita. Las variantes léxicas hispanoamericanas más frecuentes se hallan presentes en el vocabulario y, de manera más sistemática, en apartados específicos dentro de cada unidad de la *Guía didáctica.*

En este método se han tenido en cuenta sugerencias y aportaciones de profesores con gran experiencia en la enseñanza del español. Los problemas del aprendizaje del alumno extranjero constituyen el punto de partida de la progresión didáctica de *Nuevo español sin fronteras.*

Los autores

# ¿Cómo vamos a aprender?

## PRETEXTO

Escuchando y leyendo textos para la contextualización de los contenidos.

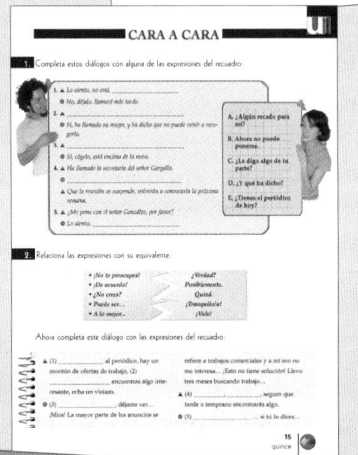

## CARA A CARA

Poniendo en práctica los modelos mediante la interacción oral inmediata.

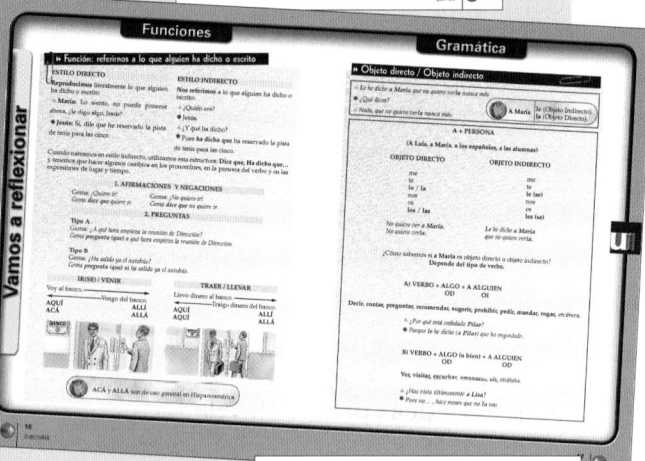

## VAMOS A REFLEXIONAR

Reflexionando sobre el funcionamiento y el contexto de uso de las funciones lingüísticas y de la gramática.

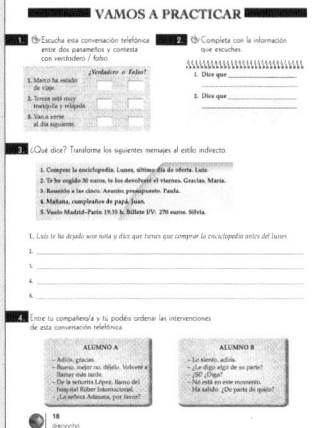

## VAMOS A PRACTICAR

Realizando actividades de comunicación y de reflexión formal.

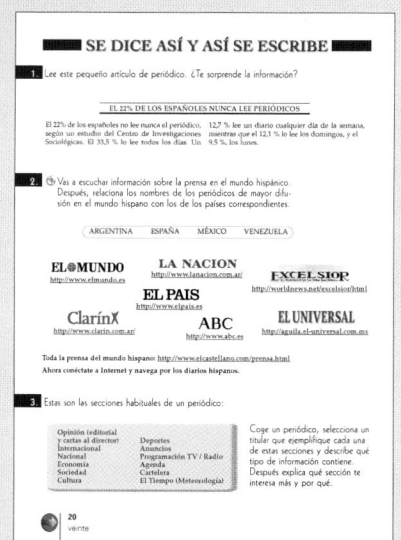

## SE DICE ASÍ Y ASÍ SE ESCRIBE

Ampliando el vocabulario y realizando propuestas de expresión escrita.

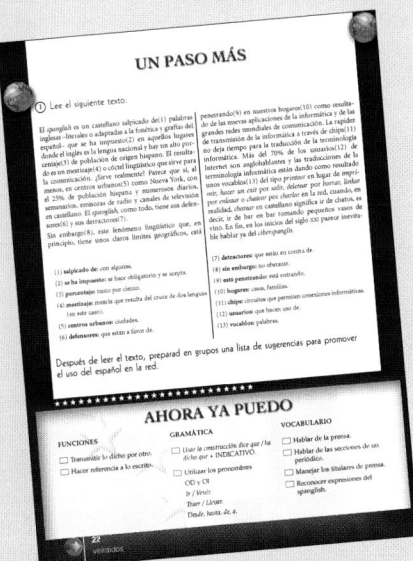

## UN PASO MÁS

Ampliando mis conocimientos culturales sobre el mundo hispano.

## AHORA YA PUEDO...

Finalmente, siendo consciente de lo que hemos aprendido.

## ¿Y de qué serás capaz?

Serás capaz de entender las ideas principales de textos complejos que traten de temas tanto concretos como abstractos, incluso si son de carácter técnico, siempre que estén dentro de tu campo de especialización.

Podrás relacionarte con hablantes nativos con un grado suficiente de fluidez y naturalidad, de modo que la comunicación se realizará sin esfuerzo por parte de los interlocutores.

Podrás producir textos claros y detallados sobre temas diversos, así como defender un punto de vista sobre temas generales, indicando los pros y los contras de las distintas opciones.

| UNIDAD<br>ÁREA TEMÁTICA | PRETEXTO | VAMOS A<br>REFLEXIONAR<br>Y A PRACTICAR | SE DICE<br>ASÍ Y ASÍ SE<br>ESCRIBE | UN PASO<br>MÁS |
|---|---|---|---|---|
| **UNIDAD 1**<br>**¿QUÉ DICES?** | • Transmitir lo dicho por otro.<br>• Hacer referencia a lo escrito. | *Dice que / ha dicho que +* INDICATIVO.<br>Pronombres OD y OI.<br>*Ir / Venir; Traer / Llevar; Desde, hasta, de, a.* | La prensa; los periódicos hispanos.<br>Secciones de un periódico.<br>Titulares de prensa. | *Spanglish* y *ciberspanglish.* |
| **UNIDAD 2**<br>**RECUERDOS** | • Narrar, describir acciones pasadas. | Revisión pretéritos.<br>Pretéritos irregulares.<br>Pluscuamperfecto. | Viajes.<br>Ciudades españolas. | Escenas de cine mudo. |
| **UNIDAD 3**<br>**¡NO TE PONGAS ASÍ!** | • Expresar prohibición.<br>• Expresar consejo.<br>• Justificar prohibiciones, mandatos y deseos. | IMPERATIVO negativo.<br>Presente de SUBJUNTIVO con valor de IMPERATIVO.<br>*No +* OI + OD.<br>*Que +* INDICATIVO. | Coloquialismos estudiantiles de aquí y de allá. | Cómo son los jóvenes españoles de hoy. |
| **UNIDAD 4**<br>**¡OJALÁ!** | • Expresar deseo.<br>• Expresar probabilidad.<br>• Expresar indiferencia. | Presente de SUBJUNTIVO.<br>Verbos irregulares.<br>*Ojalá +* SUBJUNTIVO.<br>*Que +* SUBJUNTIVO.<br>*Como, cuando, donde…* quieras. | Informática. | Ojalá que llueva café en el campo. |
| **Unidad A. Repaso** | | | | |
| **UNIDAD 5**<br>**YO CREO, TÚ CREES…** | • Opinar y valorar.<br>• Añadir un punto de vista.<br>• Asegurar.<br>• Realizar preguntas retóricas. | Verbos de entendimiento, percepción y lengua + INDICATIVO / SUBJUNTIVO.<br>*Ser / parecer + evidente, seguro,* etcétera.<br>*Estar + claro / visto…*<br>*Decir, sentir.*<br>*¿No crees que +* INDICATIVO? | La justicia.<br>Las enfermedades. | Defensas mentales contra la enfermedad. |
| **UNIDAD 6**<br>**¡QUÉ RARO QUE ESTÉ CERRADO!** | • Expresar preferencias, gustos, pena, enfado, frustración.<br>• Valorar y opinar.<br>• Expresar sorpresa.<br>• Expresar aburrimiento. | Verbos de sentimiento + INFINITIVO / SUBJUNTIVO.<br>*Ser / estar / parecer + adjetivo / sustantivo + INFINITIVO/* SUBJUNTIVO.<br>Preposiciones. | Coloquialismos juveniles.<br>La tuna y sus canciones. | Fonseca. |
| **UNIDAD 7**<br>**¡TE ACONSEJO QUE VAYAS EN METRO!** | • Pedir y dar consejos.<br>• Recomendar. | Verbos de influencia + *que +* SUBJUNTIVO.<br>*Yo, en tu lugar +* CONDICIONAL.<br>Concordancia de tiempos verbales.<br>Imperfecto de SUBJUNTIVO.<br>Imperfectos irregulares. | La negación.<br>Ciudades del mundo hispano.<br>En el banco. | Bogotá, Buenos Aires, La Habana. |

| UNIDAD ÁREA TEMÁTICA | PRETEXTO | VAMOS A REFLEXIONAR Y A PRACTICAR | SE DICE ASÍ Y ASÍ SE ESCRIBE | UN PASO MÁS |
|---|---|---|---|---|
| **UNIDAD 8 BUSCAMOS A ALGUIEN QUE TENGA INICIATIVA** | • Definir objetos.<br>• Describir lo que conocemos.<br>• Describir lo que buscamos, deseamos o no conocemos. | V(1) + NOMBRE + V(2) + INDICATIVO / SUBJUNTIVO.<br>Relativos.<br>*Ser / estar.* | Adjetivos para describir el carácter.<br>Estados de ánimo.<br>*Ponerse* + adjetivo.<br>Agencia de viajes.<br>Agencia inmobiliaria. | El teletrabajo. |
| **Unidad B. Repaso** | | | | |
| **UNIDAD 9 CUANDO TENGA TIEMPO** | • Hablar del futuro en contraste con el presente (las costumbres) y el pasado.<br>• Hacer planes y proyectos.<br>• Expresar finalidad y ponerla en relación con los planes de futuro. | Cuando + SUBJUNTIVO en contraste con INDICATIVO.<br>Conjunciones y marcadores temporales.<br>Algunas preposiciones que indican tiempo.<br>*Para / para que.* | Tipos de viajeros españoles.<br>Particularidades de Argentina y Paraguay. | El Perú mágico.<br>Los glaciares de Chile.<br>La Venezuela indígena. |
| **UNIDAD 10 ¿CÓMO SERÍA SI NO FUERA...?** | • Expresar condiciones posibles e imposibles.<br>• Expresar causa y justificación.<br>• Corregir.<br>• Ponerse en lugar de otro. | Frases condicionales con *si* + INDICATIVO / SUBJUNTIVO.<br>Otras expresiones para la condición.<br>Diferentes formas gramaticales para la expresión de la causa. | El cuidado de nuestras ciudades.<br>Acento mexicano. | El Amazonas es el río más largo. |
| **UNIDAD 11 ¡OTRA VEZ LOS ANUNCIOS!** | • Expresar concesión.<br>• Expresar consecuencia.<br>• Contrastar y corregir afirmaciones. | *Aunque* + INDICATIVO / SUBJUNTIVO.<br>Otras expresiones de concesión: futuro + pero.<br>Conjunciones consecutivas: *pero, sin embargo, sino.*<br>Preposiciones. | Los aztecas y sus remedios: las algas y el cacao. | La spirulina.<br>El cacao. |
| **UNIDAD 12 A MÍ ME LO CONTARON** | • Transmitir las palabras de otros y lo escrito por otros con cambio de tiempo y de lugar.<br>• Mostrar inseguridad en la transmisión de un mensaje. | Estilo indirecto con el verbo introductor en pasado.<br>Transformaciones temporales. | Sinónimos de *decir.* | Camilo José Cela y Gabriel García Márquez atacan a los que quieren constreñir el idioma. |
| **Unidad C. Repaso** | | | | |

**7**

Océano Atlántico

Mar Caribe

Habanera

**Bahamas**

**Cuba**

**México**

**Jamaica**

Ranchera
Maya

**Guatemala**

**Belize**

**Honduras**

Chibcha

Guaracha

**República
Dominicana**

**Haití**

**Puerto
Rico**

**Barbados**

Joropo

Caribe

**El Salvador**

**Nicaragua**

Náhuatl

**Costa Rica**

**Panamá**

**Granada**

**Trinidad y Tobago**

**Venezuela**

Océano Pacífico

Cumbia

**Colombia**

**Guyana**

**Surinam**

**Guayana Francesa**

Yaravíes

Quechua

**Ecuador**

**Brasil**

**Perú**

Marinera

Aymara

**Bolivia**

Wayno

Quechua

**Paraguay**

Guaraní

**Chile**

**Uruguay**

**Argentina**

Folclore

Lenguas

Cueca

Tango

Mapuche

**1.** **Eres capaz de relacionar estos idiomas y estas músicas típicas con sus respectivos países?**

| LENGUA |
| --- |
| _____ |

| PAÍS |
| --- |
| _____ |

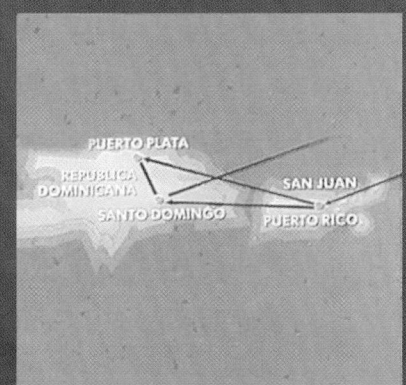

| MÚSICA |
| --- |
| _____ |

| MÚSICA |
| --- |
| _____ |

| MÚSICA |
| --- |
| _____ |

| PAÍS |
| --- |
| _____ |

| PAÍS |
| --- |
| _____ |

| LENGUA |
| --- |
| _____ |

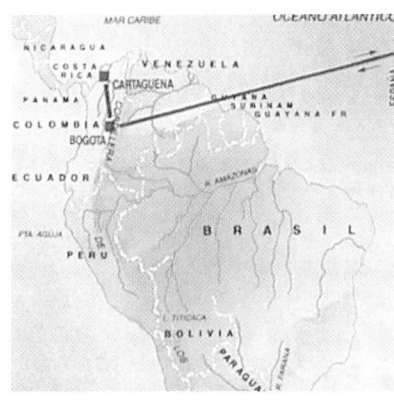

| LENGUA |
| --- |
| _____ |

**2.** Rellena esta ficha con los datos siguientes:

Tu color preferido:

Tu signo del zodíaco:

Una afición:

Dos rasgos de tu carácter:

Dos países que conoces:

Un detalle muy personal:

Busca entre tus compañeros/as a alguien que tenga tres características en común contigo. Después, siéntate a su lado y pregúntale más cosas sobre él/ella.

**3.** En parejas, completad el cuestionario siguiente, preguntando a vuestro compañero/a.
Una vez completo presentádselo a los demás.

¿Cómo te llamas? _____

¿De dónde eres? _____

¿Dónde vives en tu país, y aquí? _____

¿A qué te dedicas? (estudias, trabajas) _____

¿Vives solo/a, o con tus padres? _____

¿Qué te gusta hacer en tu tiempo libre? _____

¿Tienes hermanos? ¿Cuántos? _____

¿Cuánto tiempo has estudiado español? _____

¿Qué te parece España? _____

¿Por qué estudias español? _____

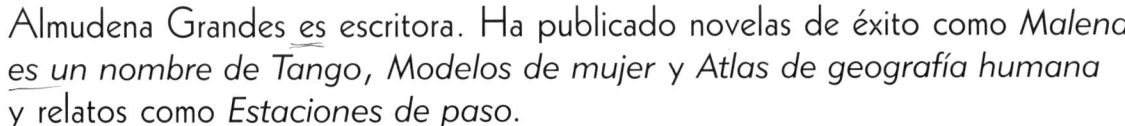

## PRETEXTO

Almudena Grandes es escritora. Ha publicado novelas de éxito como *Malena es un nombre de Tango*, *Modelos de mujer* y *Atlas de geografía humana* y relatos como *Estaciones de paso*.

A las nueve menos veinte de la mañana, cuando ya empiezo a creer que voy a librarme, mi hija –cinco años recién cumplidos, anorak con capucha abrochado hasta arriba, cara de mosqueo– se vuelve, me mira, me pregunta. «¿Qué hay hoy de comer en el colegio?». Antes, temiéndome lo peor, he consultado el menú fijado con imanes a la puerta de la nevera. Arroz con tomate, decía. «Sopa», contesto, con toda la convicción de mi edad, mi estatura, mi autoridad maternal. «No habrá arroz, ¿verdad?», insiste ella. (...)

Vuelvo a casa a toda prisa, me cambio, me miro en el espejo, me vuelvo a cambiar, me vuelvo a mirar, me vuelvo a poner lo mismo que al principio. Odio que me hagan fotos. Porque, entre otras cosas, cuando me hacen fotos, tengo que pintarme. Y cuando me pinto, me estropeo, porque no estoy acostumbrada, y me meto el cepillo de rímel en un ojo, y se me pone colorado, y me lo tengo que limpiar, y pintármelo otra vez, y al final salgo a la calle como una pobre Desdémona de teatro aficionado a punto de dejarse estrangular por su marido. Pero tampoco tengo tiempo para pensar en eso.(...)

La periodista de las diez en punto y la jefa de prensa de mi editorial me esperan charlando tranquilamente en el *hall*. Pido perdón por el retraso y lo obtengo sin dificultad porque las dos saben bien lo que me espera. (...)

A las ocho menos diez de la tarde he exorcizado, curado y resucitado a la novela siete veces seguidas, pero nadie me lo tiene en cuenta. «Le debemos la clase de hoy a la de inglés», me reprocha mi hijo en la puerta de su cuarto. «Como no me has escrito nada, he hecho filetes con patatas, igual que ayer», me informa la asistenta en la mitad del pasillo. Mi hija no sale a saludarme. «¿Sabes, mamá?», me dice sin apartar los ojos de la televisión, «para comer había arroz con tomate, no sopa». «Ya lo sé, cielo, perdóname...». «No, no te perdono. ¡Es que siempre me mientes!» En ese momento me acuerdo de que ya es martes, y de que el miércoles por la mañana, como muy tarde, tengo que enviar este artículo al periódico. A las diez y media de la noche enciendo el ordenador, me prohíbo a mí misma pensar que al día siguiente me esperan ocho entrevistas en vez de siete, miro al cielo implorando la gracia de san Truman, y me digo que si, después de esto, la novela no me sobrevive, es que, desde luego, no tiene corazón.

Almudena Grandes, «Arroz con tomate», *El País Semanal*.

## EN LA OFICINA

▲ ¡Buenos días! ¿Me pone con el señor González, por favor?

● ¿Quién le llama, por favor?

▲ Soy la señora García, del Banco de Santander.

● Lo siento, en este momento no puede atenderla, se encuentra en una reunión. ¿Puede llamar más tarde?

▲ Si hace el favor, dígale que ya hemos preparado todos los documentos para el préstamo que solicitó. De todas formas volveré a llamar más tarde.

(Más tarde)

▲ ¿Algún recado para mí?

● Sí, ha llamado la señorita García, del Banco de Santander, y ha dicho que ya tiene preparados todos los documentos en relación con el préstamo que solicitó.

▲ ¿Ha dejado algún número de teléfono?

● No, pero ha dicho que volverá a llamar más tarde.

▲ **¡De acuerdo!** Gracias, Cristina.

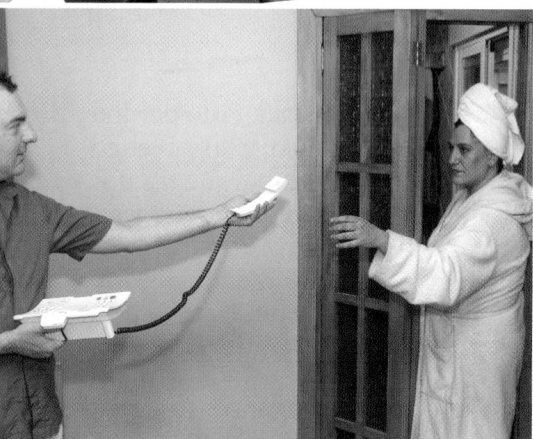

## EN CASA

Ring, ring…

▲ ¿Sí? ¿Dígame?

● ¡Hola ¿Está Susana?

▲ Sí, espera un momento. ¿De parte de quién?

● Soy Beatriz.

▲ ¡Susaaaaana …al teléfono! ¡Es Beatriz!

● ¡Dile que ahora no puedo ponerme …! Pregúntale que qué quiere.

▲ ¡Oye, que ahora no puede ponerse! ¿Le digo algo de tu parte?

● Sí, dile que he sacado entradas para el teatro y que la obra empieza a las ocho.

▲ **¡Vale! ¡No te preocupes!** Ya se lo digo

> **Sueles:** (soler) tienes costumbre de.
> **Recado:** mensaje.
> **Echa un vistazo:** mira.

## EN UN QUIOSCO DE PRENSA

▲ Me han dicho que EL PAÍS es el periódico más vendido en España…

● **Puede ser…** Yo lo compro los domingos, pero entre semana suelo comprar otros.

▲ ¿Cómo puedes leer cada día un periódico diferente?

● Porque, en realidad, no me importa demasiado la tendencia política del periódico, sino las secciones en las que está especializado.

▲ ¿Y por qué no los lees a través de Internet? Así podrías leer lo que más te guste de cada uno de ellos, ¿no?

● Pues sí, **a lo mejor** tienes razón, pero no es lo mismo mirar la pantalla del ordenador que pasar las páginas del periódico, **¿no crees?**

# CARA A CARA

**1.** Completa estos diálogos con alguna de las expresiones del recuadro:

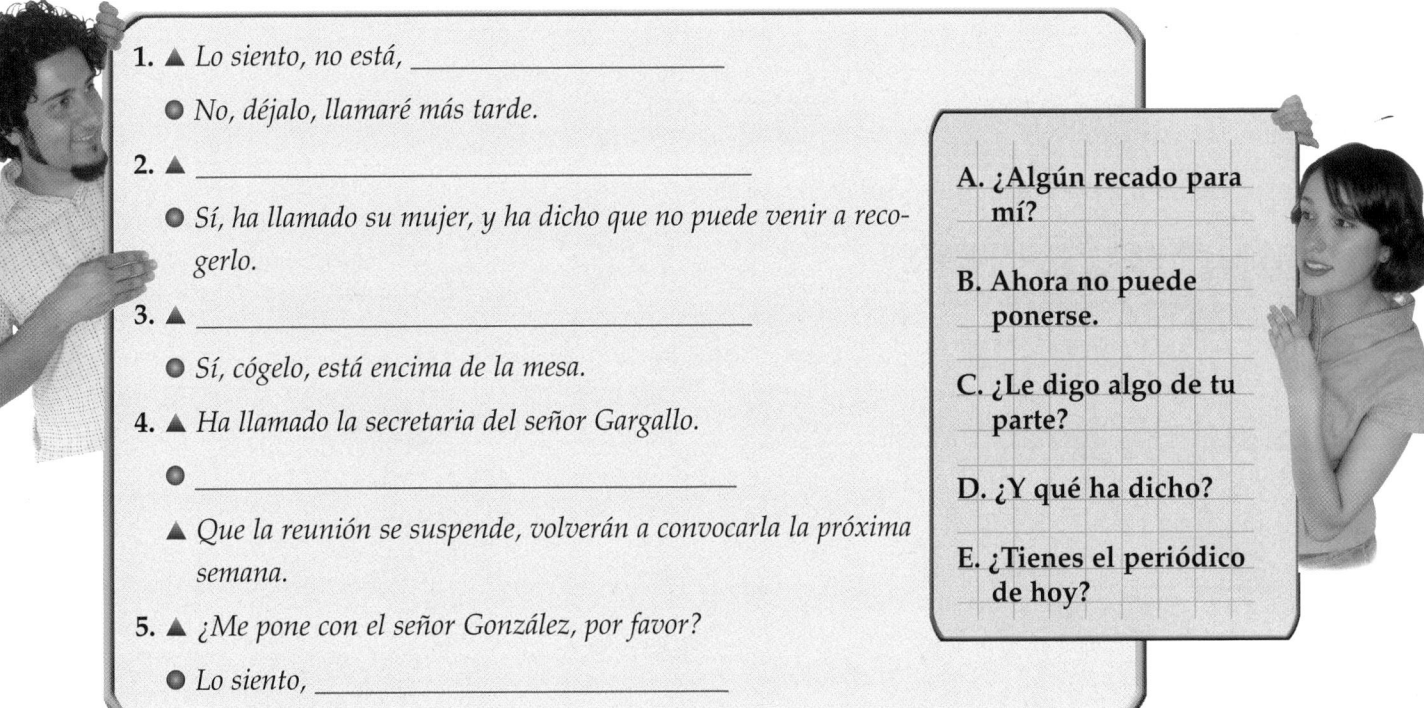

1. ▲ *Lo siento, no está,* _____

   ● *No, déjalo, llamaré más tarde.*

2. ▲ _____

   ● *Sí, ha llamado su mujer, y ha dicho que no puede venir a recogerlo.*

3. ▲ _____

   ● *Sí, cógelo, está encima de la mesa.*

4. ▲ *Ha llamado la secretaria del señor Gargallo.*

   ● _____

   ▲ *Que la reunión se suspende, volverán a convocarla la próxima semana.*

5. ▲ *¿Me pone con el señor González, por favor?*

   ● *Lo siento,* _____

**A.** ¿Algún recado para mí?

**B.** Ahora no puede ponerse.

**C.** ¿Le digo algo de tu parte?

**D.** ¿Y qué ha dicho?

**E.** ¿Tienes el periódico de hoy?

**2.** Relaciona las expresiones con su equivalente:

- *¡No te preocupes!*
- *¡De acuerdo!*
- *¿No crees?*
- *Puede ser...*
- *A lo mejor...*

- *¿Verdad?*
- *Posiblemente.*
- *Quizá.*
- *¡Tranquilo/a!*
- *¡Vale!*

Ahora, completa este diálogo con las expresiones del recuadro:

▲ (1) _____ al periódico, hay un montón de ofertas de trabajo, (2) _____ encuentras algo interesante, echa un vistazo.

● (3) _____, déjame ver... ¡Mira! La mayor parte de los anuncios se refiere a trabajos comerciales y a mí eso no me interesa... ¡Esto no tiene solución! Llevo tres meses buscando trabajo...

▲ (4) _____, _____, seguro que tarde o temprano encontrarás algo.

● (5) _____ ... si tú lo dices...

**Vamos a reflexionar**

▸▸ **Función:** referirnos a lo que alguien ha dicho o escrito

## ESTILO DIRECTO

**Reproducimos** literalmente lo que alguien ha dicho o escrito:

▲ **María:** Lo siento, no puede ponerse ahora, ¿le digo algo, Jesús?

● **Jesús:** Sí, dile que he reservado la pista de tenis para las cinco.

## ESTILO INDIRECTO

**Nos referimos** a lo que alguien ha dicho o escrito:

▲ ¿Quién era?

● Jesús.

▲ ¿Y qué ha dicho?

● Pues **ha dicho que** ha reservado la pista de tenis para las cinco.

Cuando narramos en estilo indirecto, utilizamos esta estructura: **Dice que, Ha dicho que…** y tenemos que hacer algunos cambios en los pronombres, en la persona del verbo y en las expresiones de lugar y tiempo.

### 1. AFIRMACIONES Y NEGACIONES

Gema: *¡Quiero ir!*
Gema **dice que** quiere ir.

Gema: *¡No quiero ir!*
Gema **dice que** no quiere ir.

### 2. PREGUNTAS

**Tipo A**
Gema: *¿A qué hora empieza la reunión de Dirección?*
Gema **pregunta (que)** a qué hora empieza la reunión de Dirección.

**Tipo B**
Gema: *¿Ha salido ya el autobús?*
Gema **pregunta (que) si** ha salido ya el autobús.

### IR(SE) / VENIR

Voy al banco. ⟶
⟵ Vengo del banco.

| AQUÍ | ALLÍ |
|------|------|
| ACÁ  | ALLÁ |

### TRAER / LLEVAR

Llevo dinero al banco. ⟶
⟵ Traigo dinero del banco.

| AQUÍ | ALLÍ |
|------|------|
| AQUÍ | ALLÁ |

 **ACÁ** y **ALLÁ** son de uso general en Hispanoamérica.

# Gramática

## ▸ Objeto directo / Objeto indirecto

▲ *Le he dicho **a María** que no quiero ver**la** nunca más.*

● *¿Qué dices?*

▲ *Nada, que no quiero ver**la** nunca más.*

**A María** | **le** (Objeto Indirecto).
**la** (Objeto Directo).

### A + PERSONA

**(A Luis, a María, a los españoles, a las alumnas)**

| OBJETO DIRECTO | OBJETO INDIRECTO |
|---|---|
| me | me |
| te | te |
| **lo / la** | **le (se)** |
| nos | nos |
| os | os |
| **los / las** | **les (se)** |

| | |
|---|---|
| *No quiero ver **a María**.* | *Le he dicho **a María*** |
| *No quiero ver**la**.* | *que no quiero ver**la**.* |

¿Cómo sabemos si **a María** es objeto directo u objeto indirecto?
**Depende del tipo de verbo.**

### A) VERBO + ALGO + A ALGUIEN
###          OD        OI

**Decir, contar, preguntar, recomendar, sugerir, prohibir, pedir, mandar, rogar,** etcétera.

▲ *¿Por qué está enfadada **Pilar**?*

● *Porque **le** he dicho (**a Pilar**) que ha engordado.*

### B) VERBO + ALGO (o bien) + A ALGUIEN
###         OD        OD

**Ver, visitar, escuchar, amenazar, oír,** etcétera.

▲ *¿Has visto últimamente **a Lisa**?*

● *Pues no… , hace meses que no **la** veo.*

# VAMOS A PRACTICAR

**1.** ◉ Escucha esta conversación telefónica entre dos panameños y contesta con *verdadero / falso*.

|  | ¿Verdadero o Falso? | |
|---|---|---|
| **1.** Marco ha estado de viaje. |  |  |
| **2.** Teresa está muy tranquila y relajada. |  |  |
| **3.** Van a verse al día siguiente. |  |  |

**2.** ◉ Completa con la información que escuches.

1. Dice que _____
_____

2. Dice que _____
_____

**3.** ¿Qué dice? Transforma los siguientes mensajes al estilo indirecto.

1. **Comprar la enciclopedia. Lunes, último día de oferta. Luis.**

2. **Te he cogido 30 euros, te los devolveré el viernes. Gracias. María.**

3. **Reunión a las cinco. Asunto: presupuesto. Paula.**

4. **Mañana, cumpleaños de papá. Juan.**

5. **Vuelo Madrid–París: 19.35 h. Billete I/V: 270 euros. Silvia.**

*1.* *Luis te ha dejado una nota y dice que tienes que comprar la enciclopedia antes del lunes.*

2. _____

3. _____

4. _____

5. _____

**4.** Entre tu compañero/a y tú podéis ordenar las intervenciones de esta conversación telefónica.

**ALUMNO A**
- Adiós, gracias.
- Bueno, mejor no, déjelo. Volveré a llamar más tarde.
- De la señorita López, llamo del hospital Rúber Internacional.
- ¿La señora Adsuara, por favor?

**ALUMNO B**
- Lo siento, adiós.
- ¿Le digo algo de su parte?
- ¿Sí? ¿Diga?
- No está en este momento. Ha salido. ¿De parte de quién?

**5.** Escribe el Objeto Directo o Indirecto, según corresponda.

1. ▲ ¿_____ has dicho a María lo de Cristina?

   ● **¡Qué va!** Hace mucho tiempo que no _____ veo, ¿por qué?

   ▲ Será mejor que _____ _____ cuente ella misma.

   ● **¡Venga!** Dime _____ Ahora _____ has dejado con la curiosidad.

2. ▲ ¿Tienes ya las fotos de las vacaciones?

   ● No, todavía no he ido a recoger _____ .

   ▲ **¡Vaya!** En esas fotos hay una historia muy interesante…

   ● ¿Una historia?

   ▲ Sí, … una historia entre… Bueno, mejor, esperamos a ver las fotos.

3. ▲ ¿Qué _____ han hecho en el pelo?

   ● Me _____ han cortado esta mañana, ¿no _____ gusta?

   ▲ Sí, sí que _____ gusta, es que estás tan distinta.

- **¡Qué va!:** negación enfática ante una afirmación o negación.
- **¡Venga…!:** expresión que introduce una petición.
- **¡Vaya!:** ¡qué fastidio! ¡qué mala suerte!

**6.** Completa los siguientes diálogos con *ir(se)*, *venir*, *traer* o LLEVAR, en el tiempo verbal que corresponda.

1. ▲ ¿_____ ya el cartero?

   ● Sí, _____ el paquete que estaba esperando.

2. ▲ _____ a casa. Luego **te doy un toque.**

   ● ¡Vale! ¡Hasta luego!

3. ▲ ¿Me podrías _____ a casa? Es que tengo el coche en el taller.

   ● ¡Claro, hombre! Además, **me pilla de paso.**

4. ▲ ¿_____ el sábado a la fiesta de San Isidro?

   ● Sí, la Plaza Mayor **estaba a tope.**

5. ▲ ¿Dónde has estado esta mañana?

   ● _____ al médico.

   ▲ ¿Y eso?

   ● Pues no me encuentro muy bien, **estoy hecho polvo.**

- **Te doy un toque:** te llamo por teléfono.
- **Me pilla de paso:** está en mi camino.
- **Estaba a tope:** estaba lleno de gente, abarrotado.
- **Estoy hecho polvo:** estoy muy cansado, deprimido o preocupado.

# SE DICE ASÍ Y ASÍ SE ESCRIBE

**1.** Lee este pequeño artículo de periódico. ¿Te sorprende la información?

---

### EL 22% DE LOS ESPAÑOLES NUNCA LEE PERIÓDICOS

El 22% de los españoles no lee nunca el periódico, según un estudio del Centro de Investigaciones Sociológicas. El 33,5% lo lee todos los días. Un 12,7% lee un diario cualquier día de la semana, mientras que el 12,1% lo lee los domingos, y el 9,5%, los lunes.

---

**2.** Vas a escuchar información sobre la prensa en el mundo hispánico. Después, relaciona los nombres de los periódicos de mayor difusión en el mundo hispano con los de los países correspondientes.

> ARGENTINA    ESPAÑA    MÉXICO    VENEZUELA

**EL MUNDO**
http://www.elmundo.es

**LA NACION**
http://www.lanacion.com.ar/

**EXCELSIOR**
EL PERIODICO DE LA VIDA NACIONAL
http://worldnews.net/excelsior/html

**EL PAIS**
http://www.elpais.es

**ClarínX**
http://www.clarin.com.ar/

**ABC**
http://www.abc.es

**EL UNIVERSAL**
http://aguila.el-universal.com.mx

**Toda la prensa del mundo hispano:** http://www.elcastellano.com/prensa.html

**Ahora, conéctate a Internet y navega por los diarios hispanos.**

**3.** Estas son las secciones habituales de un periódico:

| | |
|---|---|
| Opinión (editorial y cartas al director) | Deportes |
| Internacional | Anuncios |
| Nacional | Programación TV / Radio |
| Economía | Agenda |
| Sociedad | Cartelera |
| Cultura | El Tiempo (Meteorología) |

Coge un periódico, selecciona un titular que ejemplifique cada una de estas secciones y describe qué tipo de información contiene. Después explica qué sección te interesa más y por qué.

**4.** Completa con la preposición adecuada:

1. _____ mi casa _____ la oficina se tarda veinte minutos andando.

2. Normalmente nado _____ dos _____ tres de la tarde, cuando todos están comiendo.

3. Almería está _____ seiscientos kilómetros de Madrid.

4. _____ esta ventana no veo nada.

5. Esperaré _____ las siete, pero ni un minuto más, ¿está claro?

6. Me he echado una siesta de dos horas: _____ las tres _____ las cinco.

7. ¿ _____ cuándo estudias español? ¿Hace mucho?

8. El real brasileño está _____ dos sesenta euros.

9. ¿ _____ qué día estamos?

10. ¿ _____ cuánto están las manzanas, por favor?

| DESDE | | | |
|---|---|---|---|
| HASTA | | | |
| DE | | | |
| A | | | |

Fíjate en los ejemplos anteriores y con ayuda de tu profesor/a explica qué expresa cada una de estas cuatro preposiciones.

| DESDE | HASTA | DE | A |
|---|---|---|---|
| | | | |

# UN POCO MÁS

(1) Lee el siguiente texto:

El *spanglish* es un castellano salpicado de(1) palabras inglesas –literales o adaptadas a la fonética y grafías del español– que se ha impuesto(2) en aquellos lugares donde el inglés es la lengua nacional y hay un alto porcentaje(3) de población de origen hispano. El resultado es un mestizaje(4) o cóctel lingüístico que sirve para la comunicación. ¿Sirve realmente? Parece que sí, al menos, en centros urbanos(5) como Nueva York, con el 25% de población hispana y numerosos diarios, semanarios, emisoras de radio y canales de televisión en castellano. El *spanglish,* como todo, tiene sus defensores(6) y sus detractores(7).

Sin embargo(8), este fenómeno lingüístico que, en principio, tiene unos claros límites geográficos, está penetrando(9) en nuestros hogares(10) como resultado de las nuevas aplicaciones de la informática y de las grandes redes mundiales de comunicación. La rapidez de transmisión de la informática a través de chips(11) no deja tiempo para la traducción de la terminología informática. Más del 70% de los usuarios(12) de Internet son anglohablantes y las traducciones de la terminología informática están dando como resultado unos vocablos(13) del tipo *printear* en lugar de *imprimir, hacer un exit* por *salir, deletear* por *borrar, linkar* por *enlazar* o *chatear* por *charlar* en la red, cuando, en realidad, *chatear* en castellano significa ir de chatos, es decir, ir de bar en bar tomando pequeños vasos de vino. En fin, en los inicios del siglo XXI parece inevitable hablar ya del *ciberspanglish.*

(1) **salpicado de:** con algunas.

(2) **se ha impuesto:** se hace obligatorio y se acepta.

(3) **porcentaje:** tanto por ciento.

(4) **mestizaje:** mezcla que resulta del cruce de dos lenguas (en este caso).

(5) **centros urbanos:** ciudades.

(6) **defensores:** que están a favor de.

(7) **detractores:** que están en contra de.

(8) **sin embargo:** no obstante.

(9) **está penetrando:** está entrando.

(10) **hogares:** casas, familias.

(11) **chips:** circuitos que permiten conexiones informáticas.

(12) **usuarios:** que hacen uso de.

(13) **vocablos:** palabras.

Después de leer el texto, preparad en grupos una lista de sugerencias para promover el uso del español en la red.

★ ★ ★ ★ ★ ★ ★ ★ ★ ★ ★ ★ ★ ★ ★ ★ ★ ★ ★ ★ ★ ★ ★ ★ ★ ★

# AHORA YA PUEDO

### FUNCIONES

☐ Transmitir lo dicho por otro.

☐ Hacer referencia a lo escrito.

### GRAMÁTICA

☐ *Usar la construcción dice que / ha dicho que* + INDICATIVO.

☐ Utilizar los pronombres

OD y OI

*Ir / Venir.*

*Traer / Llevar.*

*Desde, hasta, de, a.*

### VOCABULARIO

☐ Hablar de la prensa.

☐ Hablar de las secciones de un periódico.

☐ Manejar los titulares de prensa.

☐ Reconocer expresiones del spanglish.

## PRETEXTO

*Escenas de cine mudo* es una obra de Julio Llamazares, escritor español contemporáneo, en la que narra los recuerdos de su infancia que emergen de un viejo álbum de fotografías. Escucha:

La primera vez que salí de Olleros fue para ver el mar: un día del mes de julio, a principios de un verano inolvidable (por ese día y por los que le sucedieron) que pasó, como todos, muy deprisa, pero que quedó grabado para siempre en esta foto que un fotógrafo de playa me sacó en la de Ribadesella, en Asturias, al borde del mar Cantábrico.

(…) Aquel día, simplemente, la Chivata había cambiado su rumbo y también sus pasajeros habituales y, por la carretera de Asturias, se dirigía hacia las montañas llevando en sus asientos a una veintena de niños, la mayoría de los cuales era la primera vez que salíamos de viaje. Recuerdo todavía la subida hacia el Pontón y la visión de la cordillera recortándose en el cielo como una gran pantalla. Recuerdo el brillo del sol filtrándose entre los árboles y, al atravesar Asturias, el penetrante olor de los tilos y de los laureles mojados. Pero lo que más recuerdo de aquel viaje, lo que me impresionó de él hasta el punto de que aún no lo he olvidado, fue la visión del mar –aquel resplandor azul– surgiendo de repente, después de varias horas de camino, en la distancia.

Muchas veces he vuelto a aquella playa (alguna vez, incluso, por el mismo camino de aquel día), pero jamás he vuelto a sentir la enorme conmoción de aquella mañana.

Julio Llamazares, *Historias de cine mudo*.

Ahora, elige una de tus fotografías, que sea especialmente significativa para ti, y escribe tus impresiones y sentimientos trasladándote al momento en que fue tomada.

## DOS AMIGAS

🔺 ¿Te acuerdas del viaje que hicimos a Inglaterra después de terminar la carrera?

🔴 ¡Claro! ¡Cómo no iba a acordarme! Nunca había salido de España, era mi primer viaje al extranjero…

🔺 Sí, aquel viaje fue increíble, pero…, ¿recuerdas la primera noche?

🔴 Sí, salimos a tomar unas copas y, cuando volvimos a la residencia de estudiantes, habían cerrado y nadie se había acordado de dejarnos la llave. Tuvimos que dormir en la calle… ¡Qué noche!

🔺 Fue la misma noche que conocimos a Samir, ¿te acuerdas de Samir?

🔴 Sí aquel marroquí, que había ido a Inglaterra para hacer un curso de inglés…

🔺 Creo que no te lo había dicho, pero hace dos años me encontré con él en Madrid y me dijo que se había casado con una chica argentina.

🔴 ¿En serio?

🔺 ¡Como lo oyes!

Recordar / acordarse de …

## EN LA PUERTA DE UN CINE

🔺 ¡Pilar!

🔴 ¡No es posible! ¡Cuánto tiempo sin verte! No puedo creerlo…

🔺 ¿Qué haces por aquí? ¿Qué ha sido de tu vida durante todos estos años?

🔴 ¿Cuándo nos vimos por última vez?

🔺 Creo que fue hace tres años, cerca de mi casa… ¿Te acuerdas?

🔴 Sí, estaba lloviendo, ¿no? Nos pusimos como una sopa… A propósito, ¿te casaste con Pablo?

🔺 Sí, aquel mismo año nos casamos, yo todavía no había terminado la carrera, estaba en tercero de ingeniería nuclear.

🔴 ¿Tenéis niños?

🔺 Pues … la verdad es que acabamos de separarnos, hace sólo tres meses…

🔴 ¡Vaya! Lo siento…

🔺 Es mejor así. Los dos primeros años fueron maravillosos, después empezaron los problemas…

🔴 Si puedo ayudarte en algo…

🔺 Bueno, y tú, ¿qué tal?

🔴 Bien, trabajo en una empresa argentina de exportación e importación y… sigo soltera…

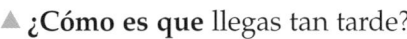

## EN UNA TERRAZA EN LA CALLE, DOS CHICOS JÓVENES

🔺 ¿Cómo es que llegas tan tarde?

🔴 Lo siento, anoche salí y llegué a las tantas y, esta mañana, no he oído el despertador. Además, el tráfico estaba de pena…

🔺 Deberías haberme llamado… ¡Llevo una hora esperando…!

🔴 Te llamé antes de salir, pero tu teléfono estaba comunicando…Ya te he dicho que lo siento.

🔺 ¿Y para qué tienes un teléfono móvil?

🔴 Con las prisas, lo olvidé en casa…

# CARA A CARA

**1.** Relaciona los elementos de las dos columnas:

1. ¡Como lo oyes!
2. (Estaba) de pena.
3. A las tantas.
4. ¿En serio?
5. Ponerse como una sopa.
6. ¿Cómo es que...?

A. Muy tarde, de madrugada.
B. ¿Por qué...? (con matiz de sorpresa)
C. ¿De verdad?
D. Lo que te estoy diciendo es verdad.
E. Fatal, había mucho tráfico (en este caso).
F. Mojarse.

Completa el diálogo con las expresiones del recuadro.

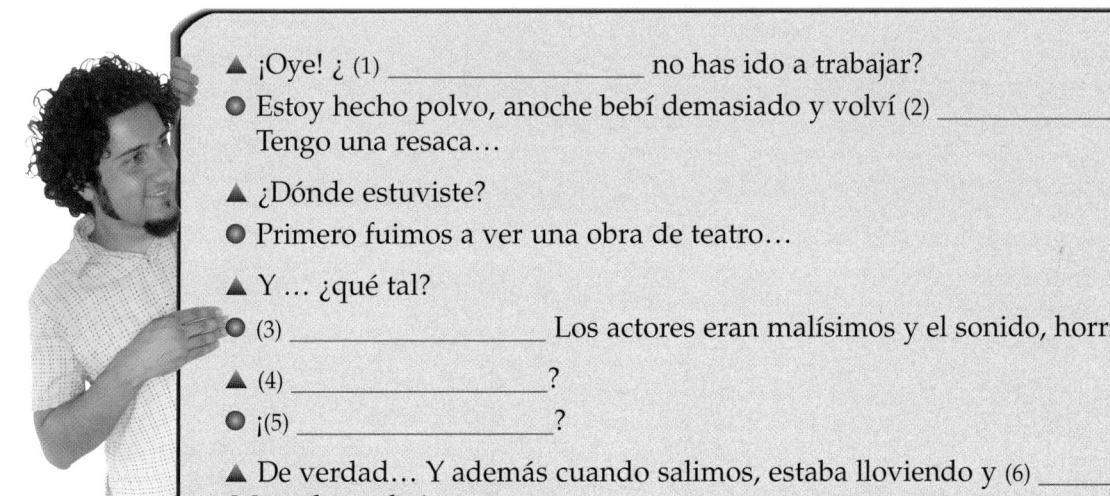

▲ ¡Oye! ¿ (1) _____ no has ido a trabajar?
● Estoy hecho polvo, anoche bebí demasiado y volví (2) _____ Tengo una resaca...
▲ ¿Dónde estuviste?
● Primero fuimos a ver una obra de teatro...
▲ Y ... ¿qué tal?
● (3) _____ Los actores eran malísimos y el sonido, horrible...
▲ (4) _____?
● ¡(5) _____?
▲ De verdad... Y además cuando salimos, estaba lloviendo y (6) _____ ¡Menuda noche!

**2.** Completa con las frases y palabras del recuadro:

A. –¡Vaya! Lo siento.
B. –¡Cuánto tiempo sin verte!

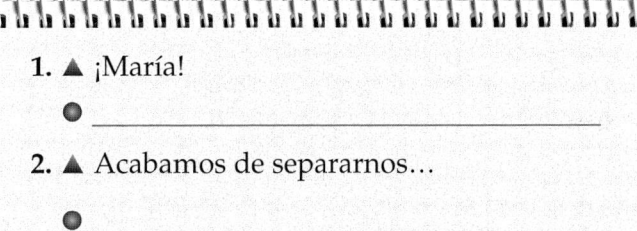

1. ▲ ¡María!
   ● _____
2. ▲ Acabamos de separarnos...
   ● _____

**Vamos a reflexionar**

## » función: referirnos a lo que alguien ha dicho o escrito

| Dar | decir | ir/ser | poder | poner | estar | tener | venir |
|---|---|---|---|---|---|---|---|
| di | dije | fui | pude | puse | estuve | tuve | vine |
| diste | dijiste | fuiste | pudiste | pusiste | estuviste | tuviste | viniste |
| dio | dijo | fue | pudo | puso | estuvo | tuvo | vino |
| dimos | dijimos | fuimos | pudimos | pusimos | estuvimos | tuvimos | vinimos |
| disteis | dijisteis | fuisteis | pudisteis | pusisteis | estuvisteis | tuvisteis | vinisteis |
| dieron | dijeron | fueron | pudieron | pusieron | estuvieron | tuvieron | vinieron |

### PRETÉRITOS CON U

andar ——→ anduve
caber ——→ cupe
estar ——→ estuve
poder ——→ pude
poner ——→ puse
saber ——→ supe
haber ——→ hube

### PRETÉRITOS CON J

conducir ——→ conduje
decir ——→ dije
deducir ——→ deduje
producir ——→ produje
reducir ——→ reduje
traducir ——→ traduje
traer ——→ traje

### PRETÉRITOS CON I

hacer ——→ hice
querer ——→ quise
venir ——→ vine
dar ——→ di
decir ——→ dije

**E > I ——→ PEDIR**

pedí
pediste
**pidió**
pedimos
pedisteis
**pidieron**

**O > U ——→ DORMIR**

dormí
dormiste
**durmió**
dormimos
dormisteis
**durmieron**

**OTROS:** *corregir, elegir, impedir medir, servir, seguir, vestir.*

**OTROS:** *morir*

# Gramática

## ▸ pretérito pluscuamperfecto

había
habías
había          + PARTICIPIO
habíamos
habíais
habían

CONTAR    CONTADO
PERDER    PERDIDO
PERMITIR   PERMITIDO

 Revisa los participios irregulares.

**1. Expresa una acción en el pasado, anterior a otro pasado:**

▲ *¿Finalmente te casaste con Paco?*

● *Sí, hace tres años, cuando nos casamos,* **aún** no **había terminado** *el doctorado.*

**2. En la lengua hablada, a veces, se sustituye por el pretérito, pero sólo cuando el contexto deja clara la idea de anterioridad:**

▲ *¿Tiene experiencia?*

● *Sí, antes de venir a España,* **trabajé (=había trabajado)** *en una empresa norteamericana.*

**3. Nunca antes (de ese momento):**

▲ *¿Qué te ha parecido Toledo?*

● **Nunca** *(antes)* **había visto** *una ciudad tan pintoresca.*

## ▸ para contar historias, anécdotas, sucesos...

**1. Para introducir la historia:**
- una vez
- un día
- el otro día
- en una ocasión
- hace varios años

**2. Para destacar un suceso importante:**
- y entonces
- en ese momento
- de repente
- de golpe
- y...¡zas!

**3. Para expresar circunstancias:**
- hasta que
- en cuanto
- mientras
- cuando

**4. Para terminar la historia:**
- total que
- al final
- después de todo

# VAMOS A PRACTICAR

**1.** 🔘 Escucha los comentarios de esta mexicana después de tres semanas de estancia en Madrid.

Ahora, escribe el equivalente de estas palabras en la variante castellana:

|  | Sí | No |
|---|---|---|
| **1.** Es su primer viaje a Madrid. | ☐ | ☐ |
| **2.** No le gusta Madrid. | ☐ | ☐ |
| **3.** Los madrileños son muy prudentes manejando el carro. | ☐ | ☐ |

| México | España |
|---|---|
| linda: | _____ |
| nunca más antes: | _____ |
| carro: | _____ |
| manejar: | _____ |
| tomar el metro: | _____ |

> La **X** de **México** es un arcaísmo ortográfico. Debe pronunciarse como si fuese una **J**.

**2.** ¡Qué coincidencia! Tu compañero/a y tú habéis estado en París, pero no os habéis visto. No mires la información de tu compañero/a. Contrastad vuestras experiencias en París.

| Alumno A | Alumno B |
|---|---|
| Cuatro días, de jueves a domingo. | Con tus padres. Viaje organizado. |
| Con amigos. Viaje por vuestra cuenta. | Una semana. |
| Hotel en la Plaza de la Concordia. | Visita a la Torre Eiffel. |
| Visita a la Torre Eiffel. | Hotel en los Campos Elíseos. |
| Espectáculo musical en el Moulin Rouge. | Muchas compras. |
| Pocas compras. | No visita al Museo d'Orsay. |
| Visita al Museo del Louvre y al Museo d'Orsay. | Lugar favorito: el Barrio Latino. |
| Tiempo lluvioso. | Paseo en barco por el Sena. |
| Lugar favorito: Barrio de Montmartre. | Visita al Edificio de la Ópera. |
| | Tiempo inestable: nubes y claros. |

**3.** Relaciona dos hechos en el pasado. Forma frases como en el modelo:

> Salir de la oficina. Llegar el fax.
> *Cuando salí de la oficina,*
> *todavía no había llegado el fax.*

> Llegar a casa. Terminar la película.
> Llamar por teléfono a Luis. Luis marcharse ya
> Comprar el frigorífico. Terminar la oferta, todavía no.
> Entregar el examen. Acabar todos ya. ¡Fui el último!
> Pasar el semáforo. Ponerse rojo ya.

**4.** Completa los diálogos con tiempos de pasado:

1. ▲ ¿Cómo es que has tardado tanto?

   ● Es que (tener, yo) _____ que traducir todos los documentos y, cuando (terminar, yo) _____, (darse cuenta, yo) _____ de que (olvidar, yo) _____ hacer las fotocopias. Lo siento. ¿Puedo ayudarte todavía?

2. ▲ No encuentro el archivo del caso González, ¿sabe dónde está?

   ● Creo que lo (poner, yo) _____ en el cajón de la derecha. Mire a ver…

   ▲ Sí, aquí está, ¿lo (revisar, usted) _____?

   ● No, lo siento, no (tener, yo) _____ tiempo.

3. ▲ ¿Le (decir, tú) _____ a Luis que (sacar, nosotros) _____ las entradas?

   ● Pues no, porque le (llamar, yo) _____, pero no (estar, él) _____ Voy a intertarlo ahora… ¡Vaya! Está comunicando.

4. ▲ ¿Tienes el informe?

   ● No, lo (pedir, yo) _____ hace dos días, pero todavía no me lo ha mandado. Voy a enviarle un correo electrónico para recordárselo.

5. ▲ ¡Cuánto has tardado! Llevo veinte minutos esperándote.

   ● Ya lo sé… Lo siento, la reunión ha (durar) _____ más de lo que pensaba.

**Durar / tardar**

**5.** Completa este texto con tiempos de pasado.

El viaje a Ámsterdam (ser) _____ increíble. (Salir, nosotros) _____ a las nueve de la mañana en un vuelo de las líneas aéreas holandesas y (llegar, nosotros) _____ a las once y media. Después, (ir, nosotros) _____ a recoger el coche de alquiler y (conducir, nosotros) _____ hasta Utrecht, (tardar, nosotros) _____ aproximadamente una hora. Cuando (llegar, nosotros) _____, ya (cerrar) _____ las tiendas, así que no (poder, nosotros) _____ comprar nada y, además, (estar) _____ lloviendo a mares.

Después de comer, (ir, nosotros) _____ a la reunión y allí (conocer, nosotros) _____ a gente muy interesante: (haber) _____ una actriz, una cantante de ópera, una profesora, un escritor, un ilustrador de cómics…, gente muy variopinta.

Al terminar, (estar, nosotros) _____ muertos de cansancio y (decidir, nosotros) _____ ir al hotel.

**6.** Fernando ha pasado unos días en España y desde allí escribió postales a amigos y familiares. ¿Puedes indicar en el mapa el itinerario de su viaje?

7 de octubre de 2005
Querida Ana:
Dentro de dos días tengo que volver a casa.
Se me han acabado las vacaciones… ¡y el dinero!
Hoy he visitado el monumento más impresionante de esta ciudad: La Alhambra. No hay en Europa muchos monumentos comparables a éste.
Como puedes ver en la postal, al fondo de La Alhambra, se ve Sierra Nevada con nieve. Bueno, nada más.
Quizás llegue yo antes que la postal.
Un abrazo.
Fernando

23 de septiembre de 2005
Querido José:
Como verás por la foto, esta ciudad es de las más industriales de España, y su puerto es uno de los más importantes del país. Llueve mucho y la gente, además de español, habla un idioma que los demás españoles no pueden entender.
Esta mañana he visitado, muy cerca de aquí, la ciudad de Guernica. Ello me ha recordado la guerra y el famoso cuadro de Picasso (que como sabes, está en el museo del Prado).
En Guernica he visto una escultura de Chillida, el escultor vasco que tanto le gusta a tu padre. Nada más. Recuerdos a todos, de Fernando.

20 de septiembre de 2005
Llevo aquí tres días y ha llovido todo el tiempo. Ya me habían dicho que esta era una de las ciudades más lluviosas de España.
Desde mi ventana puedo ver la impresionante catedral. Según la leyenda, aquí se descubrieron, en el siglo IX, los restos de un apóstol de Jesucristo. Más tarde, en su honor, se construyó esta catedral.
Durante siglos han venido aquí miles de peregrinos de toda Europa. Y la verdad es que ante el famoso Pórtico de la Gloria, uno se siente como un peregrino.
He comido la mejor sopa de pescado de mi vida.
Un abrazo.
Fernando

26 de septiembre de 2005
Estimado señor González:
Llevo ya varios días en España y hoy he llegado a la costa del Mediterráneo. Le envío esta postal con una vista de las Ramblas, que es un paseo muy animado, con puestos en los que venden flores.
He visto la famosa iglesia de Gaudí, La Sagrada Familia, y no me ha gustado demasiado. Pero, en cambio, me han gustado mucho otras obras suyas.
Lo que más me ha entusiasmado ha sido el Museo de Picasso. Espero que estén todos bien.
Reciba un cordial saludo de
Fernando

30 de septiembre de 2005
Querido Pepe:
Tengo que escribirte otra postal para decirte que en la anterior me equivoqué: He estado en el Museo del Prado, y allí no estaba el Guernica de Picasso. Hace unos años que lo trasladaron a otro excelente museo de esta ciudad: el Reina Sofía.
Ayer compré en el Rastro un montón de postales antiguas. Verás qué originales son.
Voy a aprovechar que hace un día magnífico y voy a dar un paseo por el Retiro, uno de los parques más bonitos de España.
Chao, Fernando

# SE DICE ASÍ Y ASÍ SE ESCRIBE

**1.** Prepárate, va a ser un día muy largo. Te vas de viaje y tienes que hacer las siguientes cosas.

> Comprar cheques de viaje.
> Reservar alojamiento.
> Comprar los billetes.
> Alquilar un coche.
>
> Renovar el pasaporte.
> Conseguir folletos informativos.
> Dejar las llaves al portero.
> Dejar al perro en el veterinario.

Como ves, cada uno de tus compañeros/as tiene una ocupación. Dirígete a ellos y te ayudarán a conseguir todo lo que necesitas para tu viaje:

> **Alumno 1**: banco
> **Alumno 2**: agencia de viajes
> **Alumno 3**: central de reservas
> **Alumno 4**: oficina de turismo
>
> **Alumno 5**: alquiler de coches
> **Alumno 6**: veterinario
> **Alumno 7**: portería
> **Alumno 8**: comisaría de policía

**2.** El año pasado Jesús hizo un viaje por España y se alojó en algunos Paradores Nacionales. Señala en el mapa cuáles visitó.

*Los Paradores Nacionales constituyen una red de hoteles dependientes de la Secretaría de Estado del Ministerio de Turismo. Castillos medievales, antiguos palacios, conventos y monasterios han sido restaurados respetando su estilo genuino, pero adaptándose, al mismo tiempo, a las exigencias de la moderna hostelería.*

*Parador de Alarcón. Cuenca.*

# UN POCO MÁS

① Lee el siguiente texto:

Estaba, en fin, contemplando la realidad cotidiana con la extrañeza de lo nuevo, como cuando entras en una casa desconocida en la que cada habitación constituye un sobresalto, cuando sucedió algo sorprendente: el libro del profesor, que permanecía abierto sobre su mesa mientras él hablaba, se agitó brevemente y luego se elevó en el aire, como un pájaro, utilizando sus hojas a modo de alas. Tras un par de vueltas de reconocimiento alrededor de la clase, se dirigió a una ventana y salió. (...)

Lo peor, con todo, no llegó hasta que empezamos a perder las letras. Aquel día yo había decidido decirle a Laura que la quería. (...) Me deslicé, pues, como un escarabajo solitario por las calles sin nombre, en busca de su barrio, y cuando estuvimos juntos, la abracé contra una pared, le conté las pestañas del párpado derecho (todos los días le contaba las pestañas y memorizaba las que tenía en cada párpado para reconstruir sus ojos por mi cuenta si algún día perdíamos la palabra *pestaña)*, se las conté, en fin, y después le dije entre dos besos:

–*Te quieo, Laua.*

Asombrado por esta pérdida repentina de la R, repetí la frase con idénticos resultados:

–*Te quieo, Laua.*

JUAN JOSÉ MILLÁS, *El orden alfabético*, 1998.

★ ★ ★ ★ ★ ★ ★ ★ ★ ★ ★ ★ ★ ★ ★ ★ ★ ★ ★ ★ ★ ★ ★ ★ ★ ★ ★ ★

# AHORA YA PUEDO

**FUNCIONES**

☐ Narrar, describir acciones pasadas.

**GRAMÁTICA**

☐ Reafirmar el uso de los pretéritos.

☐ Reafirmar el uso de los pretéritos irregulares.

**VOCABULARIO**

☐ Hablar de viajes.

☐ Conversar acerca de ciudades españolas.

## PRETEXTO

Tengo algo para ti. **NO.** *Venga, hombre.* **NO.** *Prueba un poco.* **NO.** *Te gustará* **NO.** *Vamos, tío.* **NO.** *¿Por qué?* **NO.** *Vas a alucinar.* **NO.** *No te cortes.* **NO.** *¿Tienes miedo?* **NO.** *No seas gallina.* **NO.** *Sólo una vez* **NO.** *Te sentará bien.* **NO.** *Venga, vamos.* **NO.** *Tienes que probar.* **NO.** *Hazlo ahora.* **NO.** *No pasa nada.* **NO.** *Lo estás deseando.* **NO.** *Di que sí.* **NO.**

*En el tema de la droga tú tienes la última palabra.*

**Fundación de Ayuda contra la drogadicción**

## EN CASA

▲ No pongas la tele tan alta, ¿no ves que estoy intentando trabajar?

● Ya, ya...

▲ ¿Llamamos a tu madre para felicitarla?

● No, no la llames todavía. No creo que haya llegado.

▲ No te subas ahí, que vas a caerte. ¡Ten cuidado!

● Tengo que coger la maleta, **anda,** ayúdame.

▲ ¡Voy a empezar a preparar la paella!

● No, no la prepares todavía, los niños no llegan hasta las dos y media.

## EL ORDENADOR SE HA ESTROPEADO

▲ No te enfades conmigo, yo no tengo la culpa.

● Pues, ¿quién la tiene?

▲ Laura es la última que utilizó el ordenador... Tú se lo dejaste, ¿no?

● Sí, pero ahora no sé qué voy a hacer. Tengo que terminar este trabajo para mañana.

▲ Bueno, **no te pongas así.** Se nos ocurrirá algo para solucionarlo...

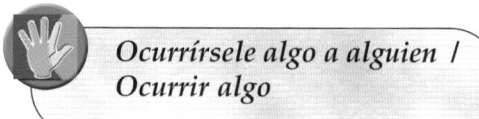

Ocurrírsele algo a alguien /
Ocurrir algo

## PROBLEMAS EN UNA TIENDA DE MODAS

▲ ¡Hola! Verá, la semana pasada compré este vestido. Lo he lavado y ha encogido...

● ¡Es rarísimo! Esta tela, normalmente, no encoge. Seguramente lo lavó con agua caliente.

▲ No, no. Lo lavé con agua fría y a mano, como indica la etiqueta...

● Pues no me lo explico; como le digo, no es normal.

▲ Entiendo que no es normal, pero ha ocurrido como le he dicho.

● ¿Tiene el ticket de compra?

▲ Sí, aquí lo tiene.

● Le haré un vale.

▲ No, no me haga un vale, quiero el dinero.

# CARA A CARA

**1.** Une la palabra con la ilustración correspondiente:

UN TICKET DE COMPRA

UN RESGUARDO

UN VALE

UNA ETIQUETA

UNA CUENTA

UNA FACTURA

**VALE POR
2 HORAS**

PARKING CENTRO COMERCIAL
LA GRAN MANZANA

**2.** Completa con las frases y palabras del recuadro:

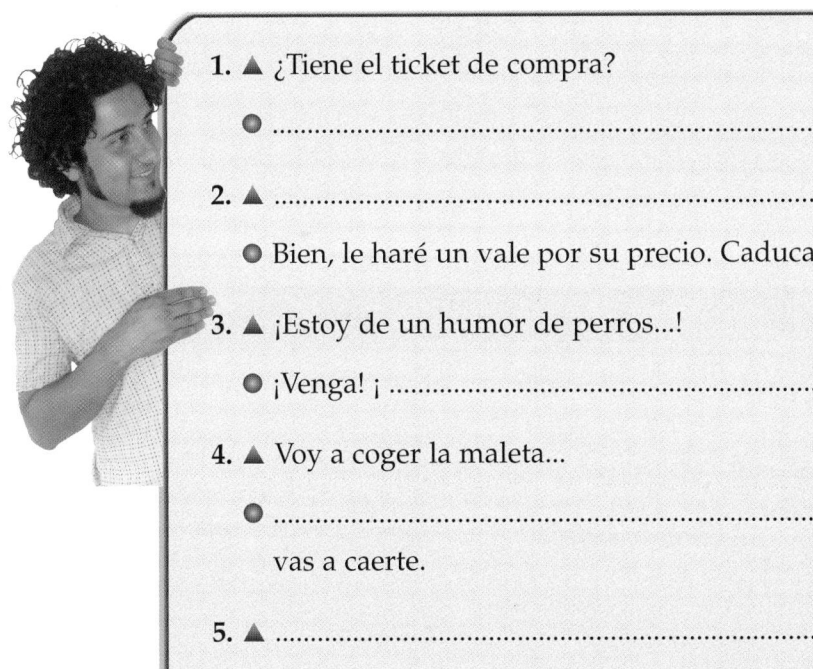

**1.** ▲ ¿Tiene el ticket de compra?

● ................................................................ .

**2.** ▲ ................................................................ .

● Bien, le haré un vale por su precio. Caduca a los tres meses.

**3.** ▲ ¡Estoy de un humor de perros...!

● ¡Venga! ¡ ................................................................ !

**4.** ▲ Voy a coger la maleta...

● ................................................................ , que

vas a caerte.

**5.** ▲ ................................................................ .

● Sí, gracias, pero no me pongas azúcar.

**A.** Sí, aquí lo tiene.

**B.** ¿Te pongo un café?

**C.** No te subas ahí.

**D.** ¡No te pongas así, hombre!

**E.** Quería devolver esta falda.

**Estar de humor de perros:**
estar de mal humor.

**Vamos a reflexionar**

## ➤➤ usos y funciones del imperativo negativo

### 1. Expresar prohibición

▲ *¡**No conduzcas** tan deprisa, que está lloviendo a mares, hombre!*

● *¡Vale, tranquila!*

> **Llover a mares / Llover a cántaros:**
> llover mucho, de forma torrencial.

### 2. Expresar consejo

▲ *¡**No se lo digas** todavía, va a enfadarse!*

● *Entonces, ¿cuándo se lo digo?*

## ➤➤ para justificar prohibiciones, mandatos y consejos, usamos:

### 1. *Que + indicativo:*

▲ *Baja el volumen de la tele, por favor, **que estoy estudiando**.*

● *Sí, sí, ya voy.*

### 2. *Si + indicativo:*

▲ ***Si sabes** que está cansada, no la llames a estas horas. ¡Son las tantas!*

● *Ya, pero es que tengo ganas de darle la noticia ...*

### 3. *Parece que + indicativo:*

▲ *No se lo digas ahora, **parece que no está** de muy buen humor.*

● *Está bien.*

## ➤➤ imperativo negativo: no + presente de subjuntivo

|  |  | Dejar | BEBER | DECIDIR |
|---|---|---|---|---|
| TÚ | no | dejes | bebas | decidas |
| VOSOTROS / AS | no | dejéis | bebáis | decidáis |
| USTED | no | deje | beba | decida |
| USTEDES | no | dejen | beban | decidan |

***No dejes** el coche aparcado en segunda fila, que te van a poner una multa.*
***No bebas** bebidas alcohólicas, que tienes que conducir.*
*Si no estás seguro, **no decidas** ahora; piénsalo mejor, no hay prisa.*

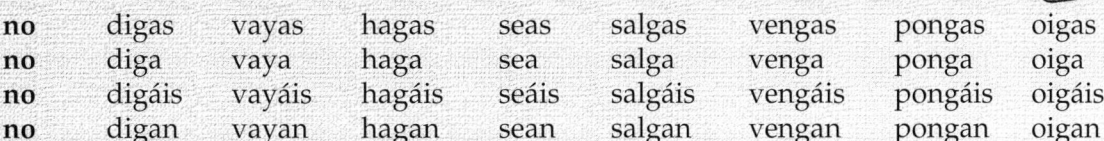

## ▸▸ presente de subjuntivo con valor imperativo

| no | digas | vayas | hagas | seas | salgas | vengas | pongas | oigas |
| --- | --- | --- | --- | --- | --- | --- | --- | --- |
| no | diga | vaya | haga | sea | salga | venga | ponga | oiga |
| no | digáis | vayáis | hagáis | seáis | salgáis | vengáis | pongáis | oigáis |
| no | digan | vayan | hagan | sean | salgan | vengan | pongan | oigan |

▲ *¿A la playa? No, no creo que vaya, estoy como una foca.*

● *¡Anda! ¡No seas exagerada!*

## ▸▸ imperativo negativo + pronombre: No + OI + OD + verbo

*No **le** dejes **el coche a tu hermano**, ¿no ves que no tiene seguro de accidentes?* ⟶ *No **se lo** dejes.*

*No **te** cortes **el pelo**, te queda muy bien así.* ⟶ *No **te lo** cortes.*

*No **les** compres **chocolate a los niños**, que pierden el apetito.* ⟶ *No **se lo** compres.*

*¡No **le** enseñes **las fotos**! ¡Me da corte!* ⟶ *No **se las** enseñes.*

**Me da corte:** tengo vergüenza.
**Como una foca:** muy gorda.

### RECUERDA LAS REGLAS DEL GAS

# VAMOS A PRACTICAR

**1.** Señala lo que corresponda de acuerdo con las conversaciones que vas a escuchar.

|  | Verdadero | Falso |
|---|---|---|
| Llamar a RENFE. | ☐ | ☐ |
| Sacar entradas para el fútbol. | ☐ | ☐ |
| Tomar un café. | ☐ | ☐ |
| Coger los libros. | ☐ | ☐ |

**2.** Pon los imperativos que escuches en su correspondiente forma negativa y haz las transformaciones que sean necesarias.

_____

_____

_____

_____

**3.** Tu compañero/a y tú no estáis de acuerdo. Explícale por qué.

▲ *Voy a abrir la ventana. Hace un calor horrible.*          ● *No, no la abras, por favor, que estoy resfriada.*

| Alumno A<br>Quieres hacer algunas cosas | Alumno B<br>No estás de acuerdo, pero debes justificarte |
|---|---|
| **1.** Abrir la ventana. | **1.** _____ |
| **2.** Subir el volumen de la televisión. | **2.** _____ |
| **3.** Tirar el periódico a la basura. | **3.** _____ |
| **4.** Cambiar el canal de televisión. | **4.** _____ |
| **5.** Regar las plantas. | **5.** _____ |
| **6.** Fregar los platos ahora. | **6.** _____ |
| **7.** Llamar a Luis | **7.** _____ |
| **8.** Ir a comprar tabaco. | **8.** _____ |

## 4. ¡Fíjate en el modelo y practica con tu compañero/a!

▲ *He engordado mucho últimamente.*

● *Pues si quieres adelgazar, no comas dulces y haz más ejercicio.*

**Alumno A**
**Tienes algunos problemas**

He engordado mucho últimamente.
Me siento agotada.
Tengo insomnio.
Gasto muchísimo y no puedo evitarlo.
Hablo demasiado y de forma inoportuna.

**Alumno B**
**Le das algunos consejos**

No comer tanto.
Hacer más ejercicio.
No comprar todo lo que ve.
Tomar una tila antes de acostarte.
No beber café por la noche.
Pensar antes de hablar.
Decidir cada mes cuánto va a gastar
 y cuánto va a ahorrar.
No fumar tanto.
Echarse una siesta todos los días.
No usar tarjetas de crédito.

## 5. Completa con la forma del imperativo.

1. ▲ ¡Me voy! He quedado con Luis.

 ● Bueno, hija, no (volver, tú) _____ muy tarde.

2. ▲ ¡No (aparcar, tú) _____ ahí, que hay un paso de cebra, ¿no lo ves?

 ● ¡Vale, vale!

3. ▲ ¡No (ir, tú) _____ sola, que está muy oscuro!

 ● Le diré a José que me acompañe.

4. ▲ ¡No (sentarse, vosotros) _____ ahí, que acaban de pintarlo!

 ● ¡Oh, sí, es verdad!

5. ▲ Recuerda que esta tarde celebramos el cumpleaños de tu hermano, no (venir, tú) _____ tarde.

 ● ¿Está bien a las seis? Antes no puedo.

6. ▲ La mesa está mojada, no (poner, usted) _____ sus cosas, espere, que voy a secarla.

 ● ¡Gracias!

7. ▲ ¡No (pedir, tú) _____ el taxi todavía, no tenemos que estar en el aeropuerto hasta dentro de dos horas!

 ● Es verdad, pero es que estoy tan nervioso… _____

8. ▲ ¡No (hacer, vosotros) _____ nada! Lo prepararé yo todo, no (preocuparse, vosotros) _____ que estáis de vacaciones.

 ● ¡Si insistes…!

9. ▲ Mira cómo están todas las plantas. Te dije que tenías que regarlas todos los días...

 ● Bueno, no (ponerse, tú) _____ así, no es para tanto.

**6.** Completa con los pronombres apropiados.

1. ▲ ¡No metas **la carne** al horno todavía!

   ● ¿Qué dices?

   ▲ ¡Que _____ metas al horno, que no está caliente todavía!

2. ▲ ¿Apago **la televisión**?

   ● No, no _____ apagues, que quiero ver las noticias.

3. ▲ No _____ dejes el coches **a Juan,** es un imprudente.

   ● Si tú lo dices.

4. ▲ ¿Vienes?

   ● No, _____ he dicho que no y no vuelvas a preguntar _____ .

5. ▲ **El teléfono** está sonando. ¿No vas a coger _____?

   ● No, y tú tampoco _____ cojas, que no quiero hablar con nadie.

**7.** Relaciona estas expresiones con los dibujos:

| Ser un/a manirroto/a. | Ser un/a bocazas. | No pegar ojo. | Estar hecho/a polvo. | Estar como una foca. |

# SE DICE ASÍ Y ASÍ SE ESCRIBE

**1.** Lee este diálogo y trata de explicar el significado de las expresiones que hemos destacado:

▲ ¿Qué pasa? ¿Cómo es que no estás en clase? **¿Has hecho pellas?**

● Realmente no, es que me dolía la cabeza y he venido a tomarme una aspirina, y tú, ¿qué haces aquí? ¿No tienes clase?

▲ La verdad es que no puedo soportar a la **profe** de Historia, es un **rollo** increíble...

● Yo no la elegí precisamente por eso... Ya me habían hablado de la de historia... Un **hueso**. ¿Qué tal te salió el examen que hiciste ayer?

▲ ¿El de Lengua?

● Sí...

▲ Pues no sé... A lo mejor **apruebo por los pelos.**

● ¿Fue difícil?

▲ Así, así. Ni fácil ni difícil, yo no tenía ni idea del uso del subjuntivo. Y a María la pillaron **copiando**...

● ¿En serio?

▲ ¡Como lo oyes! Tenía una **chuleta** con la conjugación de todos los verbos, la **profe** se la vio, y ya te puedes imaginar: **ha cateado**.

▲ ¡Qué fuerte! ¿No?

● Pues sí... A ver cuándo nos dan las notas. Si apruebo, va a ser por los pelos. ¡Ya veremos!

Fíjate en estas palabras y expresiones. Pregunta a tu profesor/a el significado de las que no entiendas:

*Hacer un examen.*
*Aprobar un examen (por los pelos).*
*Sacar una buena / mala nota.*
*Ir a clase.*
*Ser un(a) empollón(a).*
*Tener una chuleta.*
*Coger / elegir una asignatura.*
*Suspender un examen / catear.*
*El/la profe.*
*Hacer pellas.*
*Hacer la pelota.*
*Copiar.*

**ESPAÑA**

aprobar
ser un/a empollón/a
hacer pellas
hacer la pelota

**PERÚ**

pasar con las justas
ser un/a chancón/a
hacerse la vaca
ser un sobón

**COLOMBIA**

pasar de chiripa
ser un/a comelibro
capar clase
cepillar / sapear

# UN PASO MÁS

## 1 Lee el siguiente texto:

### CÓMO SON LOS JÓVENES ESPAÑOLES DE HOY

La gente joven ya no sueña con llevar una cartera bajo el brazo y pasarse el día comprando y vendiendo acciones en reuniones de negocios. Para ellos, lo más importante ya no es ganar dinero de forma rápida o alcanzar el éxito profesional. Muchos están dispuestos a renunciar a ciertas comodidades materiales y al reconocimiento profesional a cambio de disfrutar mejor la vida; se trata del fenómeno que los estadounidenses denominaron, a principios de esta década, como *downshifting*.

¿Y qué entienden por disfrutar mejor la vida? Sin duda, contar con más tiempo libre para realizar otras actividades, para disfrutar de la familia y los amigos... Así, para los jóvenes españoles, lo más importante es la familia, el amor y la solidaridad. El trabajo también les preocupa, claro, pero no es lo primero en su escala de valores.

## 2 ¿Cómo son los jóvenes de tu país? ¿Qué valoran? ¿Qué les preocupa? Establece con números su escala de valores y justifícala?

| Familia | | Trabajo | | Religión | |
|---|---|---|---|---|---|
| Amor y amistad | | Solidaridad | | Éxito profesional | |
| Trabajo | | Dinero | | | |

★★★★★★★★★★★★★★★★★★★★★★★★★

# AHORA YA PUEDO

**FUNCIONES**

☐ Expresar prohibición.

☐ Expresar consejo.

☐ Justificar prohibiciones, mandatos y deseos.

**GRAMÁTICA**

☐ Utilizar el IMPERATIVO negativo.

☐ Utilizar el presente de SUBJUNTIVO con valor de IMPERATIVO.

☐ Usar la construcción: *No* + OI + OD.

☐ Usar la construcción: *Que* + INDICATIVO.

**VOCABULARIO**

☐ Comunicarme con coloquialismos estudiantiles de aquí y allá.

# unidad 4 ¡OJALÁ!

## PRETEXTO

### UNA PAREJA EN LA TERRAZA DE CASA

▲ ¿Qué te parece si vamos a Francia?

● ¿A Francia?

▲ Sí, podríamos alquilar un barco y navegar por los canales...

● Es una buena idea, pero..., ¿tú sabes manejar un barco?

▲ No es difícil... **Ya verás.** ¿Qué parte de Francia te gustaría conocer?

● Pues, me da igual, la que quieras. **Quizá...** el Canal du Midi. Como está en el sur, hará mejor tiempo, **¿no?**

▲ Sí, además, el canal pasa por Carcasona, que es una ciudad medieval maravillosa.

● Bueno, pues vamos a la agencia de viajes **a ver si** todavía quedan barcos.

### DOS COMPAÑEROS DE TRABAJO EN LA OFICINA

▲ ¿Qué vais a hacer este verano?

● Todavía no lo hemos decidido... Quizá vayamos a los Estados Unidos. **Depende de si** tenemos suficiente dinero.

● ¿Y vosotros?

▲ Hemos alquilado un barco para navegar por el Canal du Midi, en Francia.

● ¡Es una idea excelente!

▲ ¿Por qué no os venís con nosotros? El barco que hemos alquilado es para cuatro personas... Pregúntale a Lucía, a ver si le apetece.

● ¡Ojalá quiera...! **Bueno...** Luego te llamo.

## EN LA PUERTA DEL CINE

▲ ¡Qué raro! Habíamos quedado a las ocho y media. Normalmente es muy puntual...

● ¡No te preocupes! Seguro que no ha pasado nada. Lo mismo está en un atasco... Ya sabes... a estas horas hay mucho tráfico.

▲ Sí, puede que <u>tengas</u> razón. A lo mejor no podía venir y me ha llamado, pero como yo no he estado en casa en todo el día...

● Seguro que viene... Posiblemente <u>esté</u> buscando un sitio para aparcar.

▲ Bueno, si no llega, podemos dejarle la entrada en la taquilla.

## EN LA AGENCIA DE VIAJES

▲ ¡Buenos días! ¿En qué puedo ayudarles?

● Queríamos alquilar un barco en el Canal du Midi, en Francia.

▲ Bien, **vamos a ver si** quedan barcos sin alquilar en esa zona. ¿Para cuándo lo quieren?

● Para agosto, una semana.

▲ ¿Qué semana de agosto?

● Nos da igual, la que <u>sea</u>.

▲ ¿Les parece bien la segunda semana de agosto?

● **¡Perfecto!**

| España | Hispanoamérica |
|---|---|
| **entrada:** para espectáculos o visita cultural. | **boleto** |
| **billete:** para transportes y lotería. | **tiquete** |
| **boleto:** para juegos de azar y sorteos. | |
| **tique (ticket):** de una compra pequeña. | |

# CARA A CARA

**1.** Explica el significado de las expresiones del recuadro y completa el diálogo con ellas:

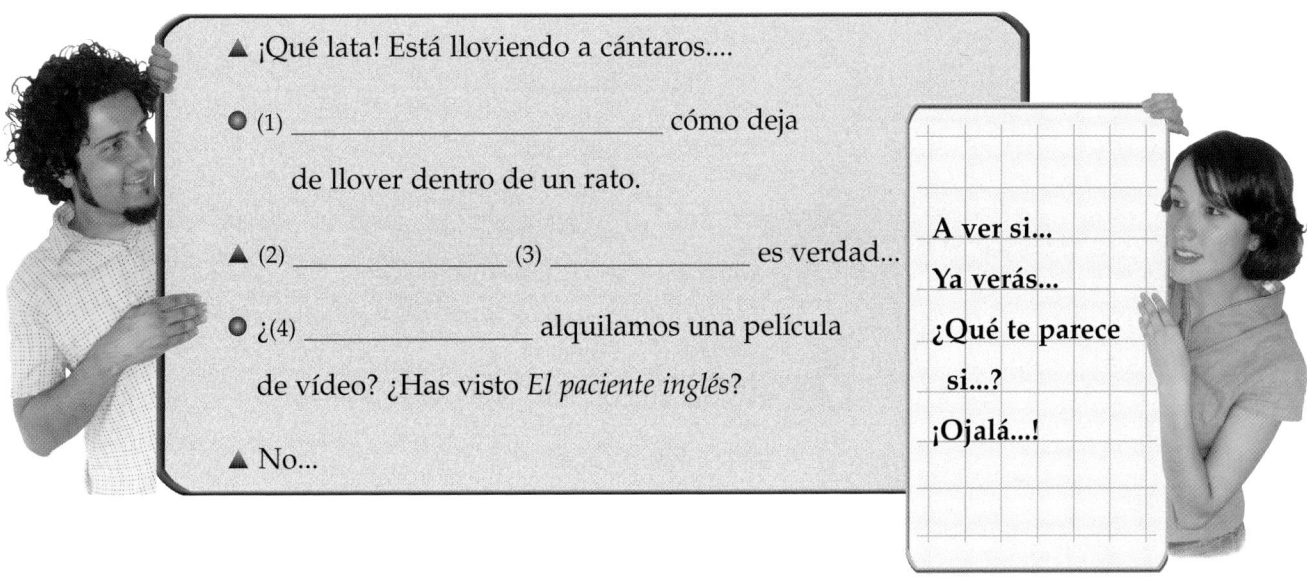

▲ ¡Qué lata! Está lloviendo a cántaros....

● (1) _____ cómo deja de llover dentro de un rato.

▲ (2) _____ (3) _____ es verdad...

● ¿(4) _____ alquilamos una película de vídeo? ¿Has visto *El paciente inglés*?

▲ No...

A ver si...

Ya verás...

¿Qué te parece si...?

¡Ojalá...!

**2.** Completa los minidiálogos con las siguientes frases:

1. ▲ ¿_____ salimos a dar una vuelta? Estoy un poco harta de estar en casa.

   ● ¡Vale! Vamos a tomar algo al bar de Juan.

2. ▲ ¿Te parece bien el rojo?

   ● _____

3. ▲ ¿A dónde vamos?

   ● _____. Adonde prefieras.

4. ▲ ¿Qué chaqueta me pongo?

● No sé. _____. Las dos son muy bonitas.

5. ▲ ¡Qué raro! Siempre es muy puntual.

   ● _____.

6. ▲ ¡Es tardísimo! No entiendo cómo es que no han llegado todavía.

   ● _____. No creo que tarden.

7. ▲ No debes decírselo.

   ● _____. Si tú lo dices...

A. La que quieras.

B. Igual se le ha olvidado que habíamos quedado.

C. ¿Qué te parece si...?

D. ¡Perfecto!

E. Ya...

F. ¡No te preocupes!

G. Me da lo mismo.

**Vamos a reflexionar**

 **función: expresar deseos**

### 1. ¡*Ojalá*... + SUBJUNTIVO!

▲ *¿Vais a salir este verano?*

● *¡Ojalá **podamos**...! Depende de si tenemos suficiente dinero.*

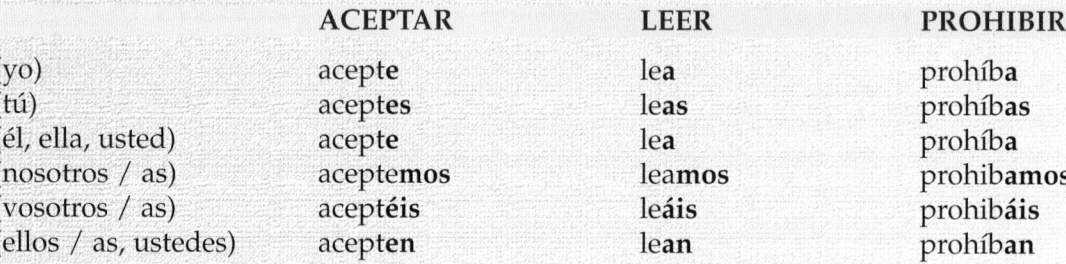

En Hispanoamérica es más frecuente **ojalá que**; sin embargo, en la Península preferimos **ojalá.**

### 2. ¡*Que* + SUBJUNTIVO!

▲ *Me voy. Tengo un examen a las tres.*

● *¡Que te **salga** bien!*

### 3. *A ver si* + INDICATIVO

▲ *A ver si **nos toca** la lotería...*

● *¡Ojalá...!*

## presente de subjuntivo

|  | ACEPTAR | LEER | PROHIBIR |
|---|---|---|---|
| (yo) | acept**e** | le**a** | prohíb**a** |
| (tú) | acept**es** | le**as** | prohíb**as** |
| (él, ella, usted) | acept**e** | le**a** | prohíb**a** |
| (nosotros / as) | acept**emos** | le**amos** | prohib**amos** |
| (vosotros / as) | acept**éis** | le**áis** | prohib**áis** |
| (ellos / as, ustedes) | acept**en** | le**an** | prohíb**an** |

## presente de subjuntivo. verbos irregulares

| HACER | TENER | PONER | SALIR | IR | VENIR | PODER |
|---|---|---|---|---|---|---|
| haga | tenga | ponga | salga | vaya | venga | pueda |
| hagas | tengas | pongas | salgas | vayas | vengas | puedas |
| haga | tenga | ponga | salga | vaya | venga | pueda |
| hagamos | tengamos | pongamos | salgamos | vayamos | vengamos | podamos |
| hagáis | tengáis | pongáis | salgáis | vayáis | vengáis | podáis |
| hagan | tengan | pongan | salgan | vayan | vengan | puedan |

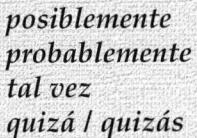

# Gramática

## ▶ expresar probabilidad con indicativo / subjuntivo

| posiblemente<br>probablemente<br>tal vez<br>quizá / quizás | + INDICATIVO / SUBJUNTIVO |
|---|---|

▲ *¿Vas a ver a María este fin de semana?*

● **Posiblemente la vea...,** *pero no lo sé, no estoy segura.*

Si la expresión va detrás del verbo, sólo puede usarse el indicativo.

▲ *¿Vas a salir esta noche?*

● *No sé,* **saldré... Tal vez,** *ya veremos.*

| a lo mejor<br>lo mismo<br>igual | + INDICATIVO | | *puede que* | + SUBJUNTIVO |
|---|---|---|---|---|

▲ *¿Qué vas a hacer este fin de semana?*

● *No sé,* **igual voy a esquiar.** *Depende del tiempo.*

## ▶ expresar indiferencia con subjuntivo

▲ *¿Qué vino pido, tinto o blanco?*

● *Me da igual.* **El que quieras.**

| (Me da igual)<br>(Me es indiferente)<br>(Me da lo mismo) | como<br>cuando<br>donde<br>lo que<br>el que<br>la que<br>cuanto | **quieras / queráis**<br>**prefieras / prefiráis** |
|---|---|---|

| *DEPENDE DE +* | *QUE* + **SUBJUNTIVO**<br>*SI* + **INDICATIVO** |
|---|---|

▲ *¿De qué depende?*

● **De que tenga tiempo / De si tengo tiempo.**

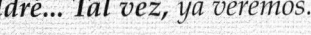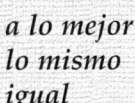

# VAMOS A PRACTICAR

**1.** Di la forma correspondiente del presente de subjuntivo de los verbos que escuches.

**2.** Reacciona ante las situaciones siguientes manifestando tu indiferencia. Recuerda las estructuras y expresiones que has aprendido.

1. _____   4. _____
2. _____   5. _____
3. _____

**3.** ¿Qué crees que pasa?

> –¡Qué raro! No hay nadie.
> –Puede que esté en la ducha y no nos oiga. Llama otra vez.

1. Recibes un ramo de flores sin tarjeta.
2. Llegas a la facultad y está cerrada.
3. Tu casa está llena de agua.
4. En tu cuenta del banco no hay dinero.
5. Los vecinos están haciendo mucho ruido. No es normal.
6. Hoy no hay clase.

**4.** Habla con tu compañero/a como en el modelo.

> –David está en el hospital. Voy a verlo esta tarde.
> –¿Qué le pasa?
> –Le han operado de la rodilla.
> –¡Vaya! Dale recuerdos de mi parte y que se mejore.

**Alumno A**
Quieres hacer algunas cosas

Esta tarde tengo el examen de conducir.
Tengo una entrevista de trabajo.
¡Me voy a casa! No me encuentro muy bien.
Esta mañana he recibido una carta certificada de Hacienda.
¡Estoy agotado!

**Alumno B**
No estás de acuerdo, pero debes justificarte

_____
_____
_____
_____
_____
_____
_____

**5.** Con tu compañero/a. Deja que elija.

*–¿Te pongo café o té?*
*–Café, café. Ahora no me apetece el té.*

| Café / té. |
| Autobús / metro. |
| Cine / teatro. |
| Pantalones / vestido. |
| Sábado / domingo. |
| Vino blanco / vino tinto. |
| Carne / pescado. |
| Una / dos cucharadas de azúcar. |

**6.** Completa estos diálogos con el presente de indicativo o de subjuntivo.

**1.** ▲ ¡Ojalá (hacer) _____ buen tiempo este fin de semana!

● Sí, a ver si (poder) _____ salir...!

**2.** ▲ ¿Qué coche (ir, vosotros) _____ a comprar?

● Posiblemente (comprar, nosotros) _____ un Fiat Barchetta.

▲ Es un descapotable, ¿no?

**3.** ▲ ¿Todavía no ha llegado? ¡Qué raro!

● Igual (estar, él) _____ enfermo.

**4.** ▲ Me voy, tengo el examen a las seis.

● ¡Suerte! ¡Que te (salir) _____ bien!

**5.** ▲ ¡Ya son las doce! Me voy a la cama.

● ¡Que (dormir, tú) _____ bien!

**6.** ▲ Puede que (casarse, nosotros) _____ este verano.

● ¿En serio?

**7.** ▲ ¿Y Luis?

● Ha salido. Tenía una entrevista de trabajo.

▲ A ver si se lo (dar, ellos) _____

● ¡Ojalá...!

**8.** ▲ ¡Por fin...! ¡Me voy de vacaciones!

● ¡Que te lo (pasar) _____ bien, y que (ponerse, tú) _____ muy morena!

**7.** Completa el siguiente diálogo con el tiempo de indicativo / subjuntivo que sea conveniente.

▲ ¿Qué tal (seguir, tú) _____?

● ¡Vaya! Igual (ir, yo) _____ a trabajar mañana, depende si (tener, yo) _____ _____ fiebre. Ya veremos. ¡Oye! ¿Vas a ir al concierto de U2?

▲ ¿Cuándo es?

● El jueves, a las diez, en la Sala Paradiso. La verdad es que no sé si (quedar) _____ entradas... Creo que deberíamos llamar por teléfono.

▲ Bueno, si (quedar) _____, a lo mejor (ir, yo) _____ ¿(Pensar) _____ ir tú?

● Posiblemente ...

▲ Si (querer, tú) _____ puedo ver si (haber) _____ entradas todavía y, si (quedar) _____ , compro dos, ¿vale?

● ¡Muy bien! ¡Ojalá (quedar) _____ !

▲ ¿Las compro con reserva de asiento?

● Me da igual. Como (querer, tú) _____ .

▲ Bueno, ya veré. Te (llamar, yo) ____ mañana.

**8.** Formula un deseo, como en el modelo.

*–¡Ojalá me toque la lotería...!*

_____
_____
_____
_____
_____

**1.** ¡Fíjate en este equipo multimedia! Coloca los nombres.

| | |
|---|---|
| monitor | módem |
| disquete | impresora |
| ordenador | cable |
| teclado | ratón |
| CD-ROM | disquetera |
| pantalla | enchufe |
| micrófono | |

**2.** Ahora lee los siguientes textos:

### VIVIR CON O SIN RED

Llamadme *DotComGuy*, tal como suena, y olvidaos del nombre que me pusieron mis padres y que llevé durante 26 años, antes de que se me ocurriera la *idea*, antes de que me decidiera encerrarme en esta casa en la que pretendo pasar todo el año, conectado con el mundo exterior con un teléfono, 26 cámaras que graban todos mis movimientos y un ordenador que me sirve para hacer de todo sin salir de estas cuatro paredes. En esto consiste mi reto: demostrar que se puede vivir, y muy bien, en el universo paralelo de la Red.

Les parecerá ridículo, pero lo que me decidió fue un aburridísimo día de compras familiares. Estaba harto de deambular con mis padres de tienda en tienda, hasta que al cabo de un par de horas, les dije: "Aquí os quedáis. Todas estas cosas las puedo comprar cómodamente, desde casa, por Internet". Al día siguiente, empecé a sondear la cantidad de compañías que ofrecen sus servicios en la Red, y algunas de ellas me respondieron y me dijeron que estaban dispuestas a financiar *la idea*.

**DotComGuy**

Llamadme *NotComGuy*, y no me busquéis en la Red porque no estoy. No tengo ordenador, ni fax, ni móvil, ni siquiera contestador automático. La única tecnología que me he permitido esta semana, especial como pocas, ha sido la de un viejo teléfono, que muchas veces ha sonado y no he querido contestar porque tenía otras cosas sin duda más interesantes que hacer. La idea de convertirme en *NotComGuy* me vino a primeros de año, cuando leí la historia de *DotComGuy,* que ha decidido recluirse con su ordenador y pasarse un año sin salir de la *caverna electrónica.* Un año me parecía excesivo y también yo –debo reconocerlo– padezco cierto nivel de adicción tecnológica que me haría insoportable un largo período de abstinencia. Estarán de acuerdo conmigo en que una cosa es *desconectar* cuando uno se va de vacaciones o un fin de semana y otra muy distinta es intentar trabajar y funcionar regularmente tal y como hacían nuestros padres. Prueben y verán...

*NotComGuy*

C. FRESNEDA, *El Mundo*

# UN PASO MÁS

① Escucha esta canción y completa la letra con las palabras que faltan.

Ojalá que _____ café en el campo
que _____ un aguacero de yuca y té
del cielo, una jarina de queso blanco
y al sur, una montaña de berro y miel.
Oh, oh, oh, oh,
ojalá que _____ café.

Ojalá que _____ café en el campo,
_____ un alto cerro de trigo y maguey,
_____ por la colina de arroz graneado
y continuar el arado con tu querer.
Oh, oh, oh, oh.

Ojalá el otoño, en vez de hojas secas,
_____ mi cosecha de pitisalé,
_____ una llanura de batata y fresas
ojalá que _____ café.

Ojalá que _____ café en el campo.
Ojalá que _____ café en el campo.

JUAN LUIS GUERRA 4 40 Para ti.

**trigo**    **sembrar**    **batatas**

**cosecha**    **berro**    **arado**

★ ★ ★ ★ ★ ★ ★ ★ ★ ★ ★ ★ ★ ★ ★ ★ ★ ★ ★ ★ ★ ★ ★

# AHORA YA PUEDO

## FUNCIONES

☐ Expresar deseo.

☐ Expresar probabilidad.

☐ Expresar indiferencia.

## GRAMÁTICA

☐ Utilizar el presente de SUBJUNTIVO.

☐ Utilizar los verbos irregulares.

☐ Usar la construcción: *Ojalá* + SUBJUNTIVO.

☐ Usar la construcción: *Que* + SUBJUNTIVO.

☐ Usar la construcción: *A ver si* + INDICATIVO.

☐ Utilizar las expresiones *Como, cuando, donde* quieras.

## VOCABULARIO

☐ Hablar de informática.

**1.** Acabas de recibir este correo electrónico.
Coméntale a tu compañero/a lo que dice:

```
● ● ●                                    correo electronico                          ○
✈  💬  📎  🗂  A  ⊙  📄
Enviar Chat Adjuntar Agenda Tipo de letra Colores Borrador
Para:  nuevoespañolsinfronteras@espanol.es
Cc:
Asunto:  correo electronico

SALUDOS. PAQUETE RECIBIDO. LLEGADA LUNES 21 HORAS. REUNION DELEGADOS MARTES. CENA INFORMAL.
RETROPROYECTOR NECESITO.
AZUAGA
```

**2.** Completa con el pronombre necesario:

*I will give them to you*

1. ▲ ¿Cuándo vas a entregar el informe?

   ● Probablemente, mañana; todavía tengo que terminar __lo__ .

2. ▲ ¿Has llamado a tus padres?

   ● Sí, __les__ llamé esta mañana, pero no estaban. Volveré a intentar __les__ luego.

3. ▲ ¿ __Le__ dijiste a Antonio que le esperamos en el restaurante?

   ● Sí, esta mañana __lo__ dejé un mensaje en su contestador. Imagino que __lo__ habrá escuchado.

4. ▲ ¿Te has acordado de traer __me__ los libros?

   ● Sí, ahora __te__ __los__ doy. __Los__ tengo en el coche.

5. ▲ Llevo una hora intentando hablar con María, pero siempre está comunicando.

   ● Pues lláma__la__ más tarde.

**3.** Completa con *ir(se)*, *venir*, *traer* o *llevar*.

1. ▲ Bueno, _____ , nos vemos mañana.

   ● ¡Hasta luego!

2. ▲ ¿Te _____ a casa?

   ● No, no te molestes, voy a coger el metro... Pero gracias.

3. ▲ ¿ __Te vas__ a la fiesta?
   __Vienes__

   ● Lo siento, no puedo __venir__ . Llamaré a David para disculparme.

   ▲ ¡Venga! Inténtalo.

   ● No, de verdad, me resulta imposible.

4. ▲ ¿ _____ el carrete a revelar?

   ● No, todavía no. A ver si me acuerdo esta tarde...

**4.** Completa con las formas verbales correspondientes del presente de subjuntivo.

| | yo | tú / vos | vosotros / as | ellos / ellas |
|---|---|---|---|---|
| andar | ande | andes | andéis | anden |
| pedir | pida | pidas | pidáis | pidan |
| traducir | traduzca | traduzcas | traduzcáis | traduzcan |
| querer | quiera | quieras | queráis | quieren |
| decir | digas | digas | digáis | digan |
| traer | traiga | traigas | traigáis | traigan |
| venir | venga | vengas | vengáis | vengan |
| saber | sepa | sepas | sepáis | sepan |
| poder | pueda | puedas | podáis | puedan |

**5.** Completa con pretérito imperfecto, pretérito perfecto o pretérito pluscuamperfecto.

**1.** ▲ ¿Qué sabes de Isabel y Manolo?
● Pues, Isabel (dar) __dio__ a luz el lunes pasado.
▲ ¡Ah! ¿Sí? ¿Y qué tal?
● Todo (ir) __fue__ muy bien. El niño (pesar) __pesó__ tres kilos.
▲ ¿Y qué nombre le van a poner?
● Cuando yo los (ver) __vi__ , todavía no lo (decidir, ellos) __habían decidido__ pero (pensar) __pensé__ llamarlo David.

**2.** ▲ ¿Qué tal los exámenes?
● ¡Vaya! Ayer (hacer, yo) __hice__ el último.

▲ ¿Crees que aprobarás?
● Espero que sí, pero no sé.
▲ ¿Qué tal te (salir) __saliste__ ?
● Bastante bien. No (ser) __f iba era__ muy difícil, pero yo (estar) __estaba__ muy nervioso.
▲ ¿Tienes ya las notas de los otros?
● Esta mañana (ir, yo) __fui__ a la facultad, pero todavía no (salir) __salió__ .
▲ Pues ¡suerte!

**6.** Completa estos diálogos con los pronombres apropiados:

**1.** ▲ ¡No guardes la leche! ¿Es que no me oyes? Te estoy diciendo que no __la__ guardes.
● ¡Vale, vale! No __la__ pongas así.

**2.** ▲ ¡No __le__ digas nada a Pablo! Ya __lo__ llamaré yo mañana.
● ¡Tranquila! No __lo__ diré ni una palabra.

**3.** ▲ Voy a bajar el volumen de la tele...
● No, no __lo__ bajes si no quieres, que a mí no me molesta.

**4.** ▲ ¡No __me__ digas lo que tengo que hacer!
● Y si no __te__ __lo__ digo yo, ¿quién _____ _____ va a decir?

**5.** ▲ Me voy... ¿Pongo el contestador automático?
● No, no __lo__ pongas, que voy a quedarme en casa toda la tarde.

**7.** Completa con la primera persona del presente de subjuntivo.

| | | | |
|---|---|---|---|
| tener: | *tenga* | venir: | *venga* |
| hacer: | *haga* | poder: | *pono pueda* |
| poner: | *ponga* | volver: | *vuelva.* |
| salir: | *salga* | dar: | *de* |
| ir: | *vaya* | prohibir: | *prohíba* |

**8.** Completa con el presente de indicativo o de subjuntivo.

1. ▲ ¿(Venir, tú) *vienes*?

   ● No, no (poder, yo) *puedo* (Tener, yo) *tengo* una entrevista para un trabajo.

   ▲ Pues que (tener, tú) *tengas* suerte.

   ● Gracias. Y tú, que te lo (pasar, tú) *pasas* bien.

2. ▲ Puede que (ir, yo) *vaya* al concierto.

   ● ¿En serio? Pensé que ese tipo de música no te gustaba.

   ▲ Pues ya ves.

3. ▲ ¿Qué vino pedimos?

   ● Pide el que (querer, tú) *quiere*. Tú eres la experta.

4. ▲ ¿Cómo es que no hay nadie?

   ● No sé, igual (venir, ellos) *vengan* más tarde.

5. ▲ ¿Te pongo azúcar en el café?

   ● Me da igual. Como (querer, tú) *quieras*. La verdad es que me gusta con y sin azucar.

6. ▲ Esta tarde juega el Real Madrid.

   ● ¡Ojalá (ganar) *gane*!

7. ▲ ¡Qué extraño! No hay nadie en clase.

   ● A lo mejor (estar, ellos) *esten* en el salón de actos.

8. ▲ Posiblemente (ir, nosotros) *vayamos* a Panamá este verano.

   ● ¡Qué suerte!

9. ▲ A ver si (terminar) *termino* el curso. ¡Estoy agotada!

   ● Sí, yo también tengo ganas de que acabe.

10. ▲ ¿Tienes el teléfono de Aurora?

    ● Voy a ver… A lo mejor lo (tener, yo) *tengo* en la agenda.

**9.** Fíjate en este texto:

**La ley del alumno.**

1. Siempre tiene razón, aunque no se la den.
2. Nunca copia, consulta.
3. No duerme en clase, reflexiona.
4. No habla, cambia impresiones.
5. No se distrae, estudia la anatomía de las moscas.
6. No hace pellas, le reclaman en otro sitio.
7. No suspende, le suspenden.
8. No fuma, se estimula.
9. No dice tacos, se desahoga.
10. No insulta a los profesores, les recuerda lo que son.
11. No lee revistas en clase, sólo se informa.
12. No destroza la facultad, sólo la decora.
13. No tira tizas, estudia la ley de la gravedad.
14. No se ríe, es feliz.

Bría y Arnau (1989), *Ética y convivencia*, Alambra, Madrid.

Ahora, da algunos consejos como éstos:

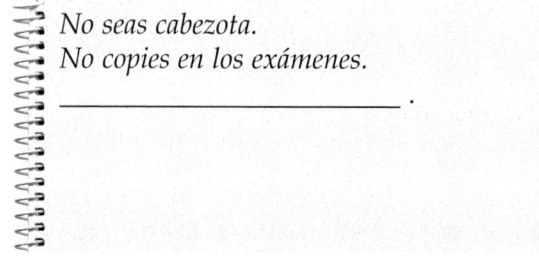

*No seas cabezota.*
*No copies en los exámenes.*
_____ .

**10.** Señala cuáles de los siguientes nombres se corresponden con las distintas secciones de un periódico:

| | | |
|---|---|---|
| Nacional | Bares moda | Presupuesto Nacional |
| Viajes | Cartelera | Astronomía |
| Economía | Sociedad | Meteorología |
| La Bolsa | Carta al director | Ofertas segunda mano |
| Bricolage | Náutica | Agenda |
| Sucesos | Anuncios | Agricultura |

## PRETEXTO

### Dormir la siesta, ¡qué placer tan sano!

Echar una cabezadita después de comer es una costumbre placentera y una necesidad fisiológica. La palabra siesta proviene del latín *sixta*, que corresponde a la sexta hora del día (si empezamos a contar desde las nueve de la mañana como inicio de la jornada, la siesta correspondería a la pausa de las tres de la tarde). Durante el mediodía y la madrugada la temperatura corporal disminuye, favoreciendo la somnolencia. Se trata de un reposo, acompañado o no de sueño, que sigue al almuerzo (que en España tiene lugar entre las dos y las tres de la tarde). Se debe evitar el sueño profundo, por lo que se recomienda que la siesta no exceda de los 30 minutos para recuperar la energía y levantarnos descansados.

¿Beneficios de la siesta? Muchos:

- Facilita la digestión, pues la sangre se acumula en el estómago y el estado de reposo la favorece.
- Proporciona una gran sensación de bienestar y optimismo.
- Ayuda a disminuir la tensión y el estrés al favorecer la relajación.
- Refuerza el sistema inmunológico.
- Su efecto reparador combate los radicales libres, previene el envejecimiento y alarga la vida.
- Aumenta la concentración, la creatividad y la imaginación.

No hay duda de que el clima mediterráneo, especialmente caluroso en verano, favorece la costumbre de echarse la siesta, ya que entre las tres y las seis de la tarde, en muchas poblaciones resulta imposible realizar ningún tipo de actividad, pues el tórrido calor no lo permite.

### Para tener una vida y una mente sanas

- Duerme ocho horas como mínimo.
- Toma un buen desayuno, es la comida más importante del día.
- Haz, al menos, media hora de deporte al día.
- Come verduras, fruta y legumbres.
- Evita la comida rápida, los fritos y los dulces.
- Date un baño relajante una vez a la semana.
- No fumes.
- Bebe alcohol con moderación.
- Sé optimista, piensa en positivo.
- Todos los días, haz algo con lo que disfrutes.

**¿Estás de acuerdo con estas recomendaciones?**

**¿Cuáles de estas cosas haces habitualmente?**

## DOS CAMAREROS EN UN BAR

▲ No tienes muy buena cara, ¿cómo va la alergia?

● La verdad es que **de mal en peor.** Ya no sé qué hacer…

▲ ¿Has ido al médico?

● ¡Claro¡ Me vacunaron en febrero, pero… **como si nada…** No me ha hecho ningún efecto…

▲ ¿Desde cuándo tienes alergia?

● De toda la vida. Cuando era niño, íbamos a veranear a un pueblo de la sierra y allí, con el aire de la montaña, mejoraba algo pero, en cuanto volvíamos a la ciudad…, otra vez igual. Y lo peor es que en los últimos años incluso tengo fiebre…

## DOS PROFESORES EN LA FOTOCOPIADORA

▲ **¡Estoy hecho polvo!**

● **¿Y eso?**

▲ Pues mira, no sé qué me pasa, pero me levanto cansado, me acuesto cansadísimo… No sé, quizá <u>sea</u> la primavera, ya sabes…

● ¿Por qué no tomas unas vitaminas? Es evidente que necesitas tomar algo, no puedes seguir así.

▲ Bueno, luego iré a la farmacia a comprar algo.

## DOS AMIGAS EN UN PARQUE

▲ ¡Oye!, parece que has adelgazado, ¿no?

● Sí, estoy haciendo un régimen. Verás, tres días por semana, como sólo fruta y el resto de la semana, como lo normal.

▲ Ten cuidado, las dietas rápidas no son buenas para la salud. No creo que <u>sea</u> bueno que <u>sigas</u> con esa dieta. ¿Por qué no vas al médico?

● Esa es tu opinión, pero yo he seguido esta dieta desde hace cinco años y nunca he tenido ningún problema.

## DOS AMIGAS EN LA PELUQUERÍA[(1)]

▲ Se ve usted **muy linda** embarazada. Se le endulzan tanto **las facciones…**

● Es que engordan.

▲ Pues sí, es que hay cosas que ni remedio. ¿Cómo va una a **estar esperando** y delgada? Yo no conozco una sola mujer que se <u>vea</u> fea cuando esta esperando.

● Yo, muchas.

▲ ¿Tú muchas? ¿A quiénes conoces que se <u>vean</u> feas esperando un hijo?

● A muchas, Chofi, no vas a querer que te las nombre.

▲ Tú, con tal de **llevarme la contra.**

> **Muy linda:** muy guapa.
> **Endulzársele las facciones:** tener una expresión más dulce.
> **Estar esperando:** estar embarazada.
> **Llevar la contra:** llevar la contraria; ser de otra opinión.

(1) Texto extraído de: Ángeles Mastreta (1990) *Arráncame la vida.*

# CARA A CARA

**1.** Relaciona las expresiones con su equivalente y completa los diálogos:

1. De mal en peor                    A. ¿Por qué? (con matiz de sorpresa).

2. Como si nada.                    B. Estoy agotada / deprimida.

3. ¡Estoy hecha polvo!         C. Como si no pasara / hubiera pasado nada.

4. ¿Y eso?                              D. Cada día peor.

1. ▲ ¿Cómo se encuentra la niña?

   ● _____

2. ▲ Bueno, yo me voy.

   ● _____

   ▲ Es que he quedado con Juan.

3. ▲ _____

   ● ¿Por qué no te vas unos días de vacaciones? Te vendría bien descansar un poco.

4. ▲ ¿Le has dicho que no vuelva a coger el coche?

   ● Sí, pero _____.
   Siempre hace lo que quiere.

**2.** Completa con algunas de las expresiones del recuadro:

1. ▲ ¿Has ido al médico?

   ● _____

2. ▲ Tengo algo importante que decirte:
   _____

   ● ¡Estupendo!

3. ▲ _____ ¿no?

   ● Sí, tres kilos.

   ▲ ¿Y cómo lo has conseguido?

   ● _____

4. ▲ ¿Cómo están los análisis, doctor?

   ● Le falta hierro. _____

A. Estoy embarazada.

B. Estoy siguiendo una dieta.

C. Sí, va a hacerme análisis de sangre.

D. Tiene anemia.

E. Has adelgazado.

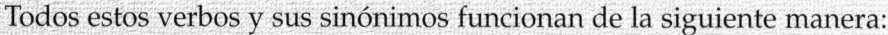

# Funciones

## ▶▶ expresar sentimientos

Todos estos verbos y sus sinónimos funcionan de la siguiente manera:

a) V(1) AFIRMATIVO + *que* + V(2) INDICATIVO

▲ *¿Has visto a Luis?*

● *Creo que está en la biblioteca.*

a) V(1) NEGATIVO + *que* + V(2) SUBJUNTIVO

▲ *¿Crees que podremos ir a la playa?*

● *Sí, no creo que llueva.*

| ENTENDIMIENTO | SENTIDO | LENGUA |
|---|---|---|
| acordar/se de | comprobar | afirmar |
| considerar | darse cuenta de | comentar |
| creer | descubrir | comunicar |
| deducir | percibir | confesar |
| descubrir | observar | contar |
| entender | oír | **decir** |
| imaginar/se | **sentir** | narrar |
| intuir | ver | declarar |
| olvidar | | explicar |
| opinar | | indicar |
| pensar | | mencionar |
| recordar | | responder |
| saber | | señalar |
| soñar | | sostener |
| suponer | | |

## ▶▶ hacer preguntas retóricas

**¿No crees que + INDICATIVO?**

▲ *¿No crees que Pilar está mucho más guapa este año?*

● *Si tú lo dices…*

> En realidad no estoy preguntando, sino afirmando que, en mi opinión, Pilar está mucho más guapa este año.

**Vamos a reflexionar**

# Gramática

## ▶ pedir la opinión

¿Qué opinas de / sobre...?
¿Qué crees de...?
¿Cuál es tu opinión sobre...?
¿Cuál es tu punto de vista sobre...?
¿Qué opinión te merece...?
Me gustaría saber qué piensas de...
Dime la verdad. ¿...?
Dime lo que piensas de...
A ti, ¿qué te parece?

## ▶ dar la opinión

Creo que...
Opino que...
La verdad es que...
Me parece que...
Supongo que...
En mi opinión, ...
Desde mi punto de vista, ...
Para mí, ...
Pienso que...

## ▶ valorar y opinar

| es + | seguro / cierto / indudable / indiscutible / obvio / verdad / evidente | + que + INDICATIVO |
| parece | | |

| ESTÁ + | claro / visto / demostrado | +que + INDICATIVO |

▲ Parece evidente que tienes problemas, ¿puedo ayudarte en algo?

● Me temo que no.

▲ ¿Sigues fumando? Ya sabes que está demostrado que el tabaco provoca cáncer, ¿no?

● Sí, ya lo sé...

## ▶ pretérito perfecto de subjuntivo

| (yo) | haya | |
| (tú) | hayas | |
| (él / ella, usted) | haya | + PARTICIPIO |
| (nosotros / as) | hayamos | |
| (vosotros / as) | hayáis | |
| (ellos / ellas, ustedes) | hayan | |

▲ ¡Qué raro que no haya llegado Luis!

● A lo mejor se ha retrasado el avión. ¡No te preocupes!

### decir + INDICATIVO

▲ ¿Qué dice?

● Nada, (dice) que está cansada.
(Comunicar)

### decir + SUBJUNTIVO

▲ ¿Viene ya?

● No, dice que vayamos nosotros, que ella irá más tarde.
(Pedir, recomendar)

### sentir + INDICATIVO

▲ ¿Qué pasa?

● ¿No oyes unos pasos? Siento que se acerca alguien.
(Notar, oír)

### sentir + SUBJUNTIVO

▲ Siento que no hayas aprobado el examen...

● ¡No te preocupes! Otra vez será.
(Lamentar)

**1.** ¿Eres una persona vital? Vas a escuchar un cuestionario. Contesta a cada pregunta, de forma personal, con *sí* / *no*.

| | Sí | No | | | Sí | No |
|---|---|---|---|---|---|---|
| 1. | ☐ | ☐ | | 1. | ☐ | ☐ |
| 2. | ☐ | ☐ | | 2. | ☐ | ☐ |
| 3. | ☐ | ☐ | | 3. | ☐ | ☐ |
| 4. | ☐ | ☐ | | 4. | ☐ | ☐ |

**2.** Completa con el tiempo adecuado de indicativo o subjuntivo.

1. ▲ ¿Has visto a Rocío? Llevo diez minutos buscándola.

   ● Creo que (estar, ella) _está_ en una reunión en la sala de juntas.

   ▲ ¿Y sabes a qué hora terminará?

   ● No, pero supongo que no (terminar) _termina_ más tarde de las dos.

2. ▲ Ha llamado tu mujer.

   ● ¿Y qué ha dicho?

   ▲ Que esta tarde no (tener, tú) _tienes_ clase de golf y que no (llegar, tú) _llegues_ tarde a casa, que tenéis invitados.

3. ▲ Es evidente que (tener, nosotros) _tenemos_ que abaratar los precios. Ya has visto los resultados del mes pasado…

   ● Sí, está visto que la crisis nos (afectar) _afecta_ a todos.

4. ▲ He descubierto que (hablar, yo) _hablo_ cuando estoy durmiendo.

   ● ¿En serio?

5. ▲ Dime la verdad, ¿qué opinas sobre el proyecto?

   ● Pues creo que (ser) _es_ muy interesante, pero no me parece que (ser) _sea_ viable en las circunstancias actuales. ¿No crees que el presupuesto (ser) _es_ demasiado alto?

6. ▲ No sabes cuánto siento que no (poder, vosotros) _podáis_ venir… Me han dicho que el espectáculo (ser) _es_ muy bueno…

   ● Yo también lo siento, pero no puedo, en serio.

7. ▲ ¿Te has dado cuenta de que todavía no (enviar, tú) _has enviado_ el regalo para la boda de Luis? *— perfect tense*

   ● Ya, ya lo sé. Pensaba hacerlo mañana.

8. ▲ No entiendo que la gente (ser) _sean_ tan poco flexible, ¿has visto la reacción de Ángel?

   ● Bueno, no todos somos así.

*siento llegar… I'm sorry I'm late*

**3.** Acabas de recibir un correo electrónico de Marisa. Léelo y completa el diálogo con *indicativo* o *subjuntivo*.

> Queridos Isabel y Fernando: ya sé que no habéis tenido noticias mías en todo el mes, pero, como podéis imaginar, he estado muy ocupada. Tardé dos días en encontrar alojamiento y una semana en acostumbrarme a esta maravillosa ciudad y a su gente. Londres es demasiado grande para mí. Bien, no quiero aburriros. Llegaré el sábado por la mañana en el avión de las diez, ¿podríais ir a buscarme? Tengo muchísimo equipaje. Por cierto, he conocido a un chico estupendo, se llama Mark y es australiano, trabaja como periodista. Probablemente vaya a España en septiembre. Ya os contaré.
> Un beso, Marisa.

▲ Mira, acabo de recibir un correo de Marisa _____ **¡Ya era hora!**

● ¿Y qué dice?

▲ Pues dice que (llegar, ella) **llega** *(llegará)* el sábado en avión de las diez y que (ir, nosotros) **vayamos** a recogerla, porque trae mucho equipaje.

● ¿Y no cuenta nada de su viaje?

▲ Sí mira… Dice que (conocer) **conoce** *(ha conocido)* a un chico australiano, que (ser, él) **es** muy majo *(simpático)* y que probablemente (venir, él) **venga** en septiembre.

▲ Pues me parece muy bien, porque ya es hora de que **siente la cabeza;** tiene treinta y dos años.

● ¡No exageres! También comenta que el curso (ser) **ha sido** muy bueno y que (aprender, ella) **ha aprendido** mucho.

▲ ¡Seguro! Con un australiano…

● ¿No crees que (ser, tú) **eres** un poco pesada?

**¡Ya era hora!:** hace tiempo que los estábamos esperando.
**Sentar la cabeza:** estabilizarse.

**4.** ¿Qué opináis sobre las llamadas *parejas de hecho*?

**PAREJAS DE HECHO**

En España hay cada vez más parejas que viven juntas sin estar casadas: son las llamadas parejas sentimentales o parejas de hecho. El Gobierno ha aprobado una ley para regular los derechos y obligaciones de estas parejas. Se está teniendo en cuenta, sobre todo, la legislación de los países escandinavos: Suecia, Noruega y Dinamarca, que han tomado la iniciativa en este tema. La ley afectará tanto a parejas homosexuales como a las heterosexuales.

A favor: _____

En contra: _____

**5.** Lee el siguiente texto:

| A FAVOR |
| --- |
| .................................................. |
| .................................................. |
| .................................................. |
| **EN CONTRA** |
| .................................................. |
| .................................................. |
| .................................................. |

*¿Cuál es tu opinión sobre los jurados populares? ¿Has participado en alguno? ¿Existe esta modalidad en tu país?*

En España, 50.000 personas han sido elegidas como candidatas al nuevo tribunal popular. Se ha convocado a 50 candidatos para cada uno de los mil casos judiciales que están pendientes de resolución. Al menos, veinte de ellos deberán estar presentes el día del juicio, pero sólo once serán los elegidos, dos de ellos, como suplentes. Cada uno de ellos recibirá entre sesenta y noventa euros por día y la recompensa añadida de pasar a la historia por haber sido miembros de los primeros jurados populares en España. Sin embargo, hay opiniones contradictorias sobre la eficacia de los jurados populares.

**6.** La ex-mujer de Juan Álvarez Martínez fue asesinada en su domicilio particular de Madrid el martes por la tarde. Tres meses antes se había separado de su marido y estaba tramitando el divorcio. Familiares y vecinos creen que el autor de los hechos fue su ex-marido, Juan Álvarez.

| ¿CULPABLE O INOCENTE? | | |
| --- | --- | --- |
| **ACUSADO**<br>D. Juan Álvarez Martínez | **ABOGADO**<br>D. Óscar de la Torre.<br>Defiende que el acusado se encontraba fuera de Madrid, en viaje de negocios, el día de los hechos. | **JUEZA**<br>Dña. Rosario García Sánchez. |
| **TESTIGO 1**<br>Dña. María Vargas López.<br>Hermana de la víctima.<br>La víctima le confesó dos días antes que había recibido amenazas de su ex-marido. | **TESTIGO 2**<br>Dña. Concepción Sánchez.<br>Compañera de trabajo y posible amante del acusado.<br>Su teléfono móvil tiene registrada una llamada telefónica del acusado desde Ávila. | **TESTIGO 3**<br>D. Leocadio Martín.<br>Vecino de la víctima.<br>El lunes escuchó una discusión entre Juan Álvarez y su ex-mujer. |

**PARA AYUDARTE:**

**Juicio:** acto público en que se quiere saber la verdad sobre unos hechos.
**Juez/a:** persona autorizada para juzgar.
**Jurado (popular):** grupo de personas que determina la culpabilidad o inocencia.
**Acusado/a:** persona a la que se le culpa de algún hecho.

**Abogado/a:** persona autorizada para defender a algún acusado.
**Prueba:** medio para demostrar la verdad de algo.
**Coartada:** prueba con la que un acusado demuestra que no ha estado presente en el lugar de los hechos.
**Veredicto:** decisión del jurado.

# SE DICE ASÍ Y ASÍ SE ESCRIBE

**1.** Escucha las siguientes conversaciones en la clínica del doctor Escudero y completa.

| PACIENTE |
|---|
| 1. _____ |
| 2. _____ |
| 3. _____ |

| ENFERMEDAD |
|---|
| _____ |
| _____ |
| _____ |

| SÍNTOMAS |
|---|
| _____ |
| _____ |
| _____ |

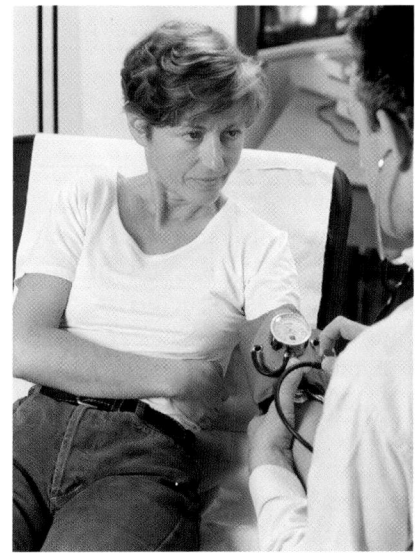

**2.** Completa esta conversación en la consulta del médico. Utiliza las palabras y expresiones del recuadro.

▲ ¡Hola, María! ¡Cuánto tiempo sin verte! ¿Cómo están los niños?

● Todos bien… Bueno, la niña está un poco (1)_____ ; seguramente es un (2)_____ primaveral.

▲ Dime, ¿en qué puedo ayudarte?

● Verás, hace días que no me encuentro bien; en realidad, no sé qué me pasa…

▲ ¿Qué (3)_____ tienes?

● Me duelen mucho las piernas, cualquier esfuerzo me agota, me levanto con (4)_____ de cabeza, me molesta la (5)_____ En fin, **estoy hecha un asco.**

▲ ¿Has tomado (6)_____?

● Sí, pero no me ayudan mucho.

▲ ¿Qué tal duermes?

● Pues me acuesto muy cansada, pero a medianoche (7)_____ y después ya no puedo dormirme.

▲ ¿Qué tal andas de apetito?

● Eso bien, como lo normal, como siempre.

▲ Los últimos (8)_____ los hicimos hace seis meses… Vamos a repetirlos.

● ¿Y mientras tanto?

▲ Primero voy a tomarte la (9)_____ , y voy a (10)_____ una pomada para la espalda y unas (11)_____ . De todas formas, no debes preocuparte.

● ¿Nos vemos, entonces, la semana que viene?

▲ Sí, cuando estén listos los (12)_____ de las pruebas. Yo te avisaré.

● ¡Gracias, doctor!

| |
|---|
| catarro |
| resultados |
| me desvelo |
| espalda |
| pastillas |
| análisis de sangre |
| síntomas |
| resfriada |
| dolor |
| analgésicos |
| tensión |
| recetarte |

 **estoy hecha un asco:** no me encuentro nada bien.

# UN POCO MÁS

(1) Lee el siguiente texto:

## Defensas mentales contra la enfermedad

Nadie ignora la influencia[1] recíproca de la mente sobre el cuerpo y del cuerpo sobre la mente. Las dolencias físicas provocan abatimiento[2] y depresión[3] y, a la inversa, el malestar psíquico es motivo de enfermedades orgánicas. Además, el pesimismo y la claudicación[4] no contribuyen a la curación[5] de una enfermedad, mientras que, por el contrario, una actitud positiva acelera[6] el proceso de curación y puede ayudar a combatir[7] y prevenir[8] las enfermedades y dolencias físicas.

Se ha demostrado que la psicoterapia, el consejo y el trabajo en grupo mejoran los tratamientos[9] en personas con cáncer. Sin embargo, no está demostrado que las personas con síntomas[10] depresivos presenten un índice de mortalidad mayor de lo normal, ni tampoco que un determinado tipo de personalidad favorezca[11] la aparición del cáncer. Aún así, se abre una puerta a la esperanza: las defensas mentales pueden ayudar a combatir las alergias[12], el cáncer y las enfermedades infecciosas.

| | |
|---|---|
| (1) | **influencia:** relación, dependencia. |
| (2) | **abatimiento:** cansancio. |
| (3) | **depresión:** estado psíquico caracterizado por una gran tristeza. |
| (4) | **claudicación:** derrota. |
| (5) | **curación:** recuperación de la salud. |
| (6) | **acelera** (<**acelerar**): aumentar la velocidad de proceso. |
| (7) | **combatir:** luchar. |
| (8) | **prevenir:** evitar antes de que ocurra. |
| (9) | **tratamiento:** sistema curativo que se emplea para mejorar una enfermedad. |
| (10) | **síntoma:** alteración del organismo causada por una enfermedad. |
| (11) | **favorezca** (<**favorecer**): propiciar. |
| (12) | **alergia:** problema respiratorio o de la piel causado por una reacción a algo externo. |

1. ¿Cuál es tu opinión sobre la influencia de la mente en el estado del organismo?

2. ¿Has tenido alguna experiencia que demuestre lo que afirma el texto?

3. ¿Conoces a alguien que tenga o haya tenido alguna enfermedad grave? ¿Crees que su actitud vital influyó en la evolución de la enfermedad?

Se ha demostrado que la psicoterapia, el consejo y el trabajo en grupo mejoran los tratamientos en personas con cáncer.

Sin embargo, no está demostrado que las personas con síntomas depresivos presenten un índice de mortalidad mayor de lo normal.

★ ★ ★ ★ ★ ★ ★ ★ ★ ★ ★ ★ ★ ★ ★ ★ ★ ★ ★ ★ ★ ★ ★ ★ ★ ★ ★ ★

# AHORA YA PUEDO

**FUNCIONES**

☐ Opinar y valorar.

☐ Añadir un punto de vista.

☐ Asegurar.

☐ Realizar preguntas retóricas.

**GRAMÁTICA**

☐ Usar verbos de entendimiento, percepción y lengua +IND. /SUBJUNTIVO.

☐ Usar la construcción: *ser / parecer + evidente, seguro*, etc.

☐ Usar la construcción: *estar + claro / visto…*

☐ Usar el verbo *decir*.

**VOCABULARIO**

☐ Hablar de la justicia.

☐ Hablar de las enfermedades.

# ¡QUÉ RARO QUE ESTÉ CERRADO!

## PRETEXTO

## EN LA PUERTA DEL CINE

▲ **¿Cómo es** que todavía no ha llegado Raquel? La película está a punto de empezar…

● ¿A qué hora habías quedado con ella?

▲ A las seis y media. Me extraña que no <u>haya</u> llegado.

● Es posible que <u>haya</u> tenido problemas para aparcar el coche…

▲ No, no creo. Cuando quedamos en el centro, siempre viene en metro.

## EN LA PUERTA DE UNA CAFETERÍA

▲ ¡Qué raro que no <u>esté</u> abierto!

● ¿A qué hora abren normalmente?

▲ A las diez y media… Me extraña que no <u>hayan</u> puesto un aviso **o algo así.**

● A lo mejor abren un poco más tarde… Como es domingo…

▲ Precisamente los domingos es cuando más gente viene.

● ¡<u>Venga</u>! Vamos al bar que hay en la esquina…

## EN LA CLASE DE ESPAÑOL

▲ Bárbara, ¿qué es lo que más te molesta de los españoles?

● Pues me molesta mucho que <u>fumen</u> en todas las partes. En Estados Unidos, en los restaurantes, siempre hay una zona reservada para los no fumadores y eso me gusta.

▲ ¿Y a ti, Helga?

● Pues hay algo que no sé todavía si me molesta o no, pero me sorprende mucho, que la gente <u>se</u> <u>bese</u> tanto en todas partes, bueno, las parejas.

● Sí, a mí me molesta cuando estoy en el metro, porque no sé adónde mirar.

▲ Chiara… no has dicho nada.

● Bueno, a mí me gustan mucho los españoles, son tan parecidos a los italianos… Pero me fastidia que no <u>tengan</u> paciencia cuando estoy intentando hablar en español.

▲ ¡Yoko! Y a ti, ¿qué te molesta?

● Bueno, a mí me pone nerviosa que <u>hablen</u> tan alto y que se <u>acerquen</u> mucho a mí, porque en Japón la distancia personal normalmente es mayor.

## EN LA OFICINA

▲ ¿Qué te pasa?

● Nada, que no soporto que la gente <u>sea</u> tan maleducada.

▲ Pero… ¿qué ha pasado?

● Pues que había un error en el informe y el jefe se ha puesto histérico, y yo creo que **no es para tanto, ¿no?**

# CARA A CARA

**1.** Fíjate en las expresiones del recuadro y relaciona las dos columnas.

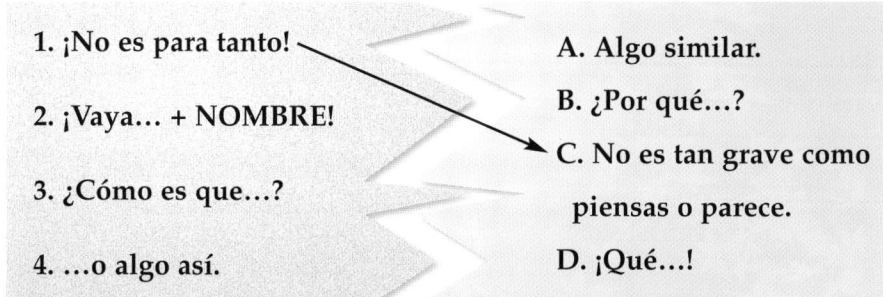

1. ¡No es para tanto!

2. ¡Vaya… + NOMBRE!

3. ¿Cómo es que…?

4. …o algo así.

A. Algo similar.

B. ¿Por qué…?

C. No es tan grave como piensas o parece.

D. ¡Qué…!

**2.** Completa el siguiente diálogo con expresiones del recuadro del ejercicio anterior.

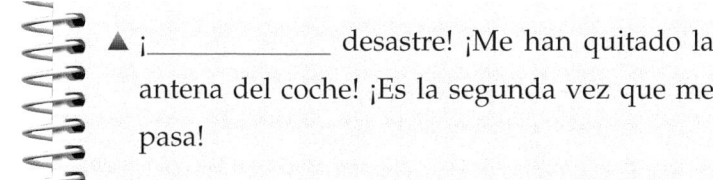

▲ ¡_____ desastre! ¡Me han quitado la antena del coche! ¡Es la segunda vez que me pasa!

● ¡Hombre, ya se que es una lata! Pero…

▲ ¿Pero qué?

● ¡Nada, hombre! ¡No te pongas así! ¿_____ la dejaste puesta? Yo, normalmente, la guardo dentro del coche.

▲ Pues llegué a las tantas y se me olvidó. ¡Todo lo malo me tiene que pasar siempre a mí!

● ¡Venga, Raúl, _____!

**3.** Completa con las frases del recuadro.

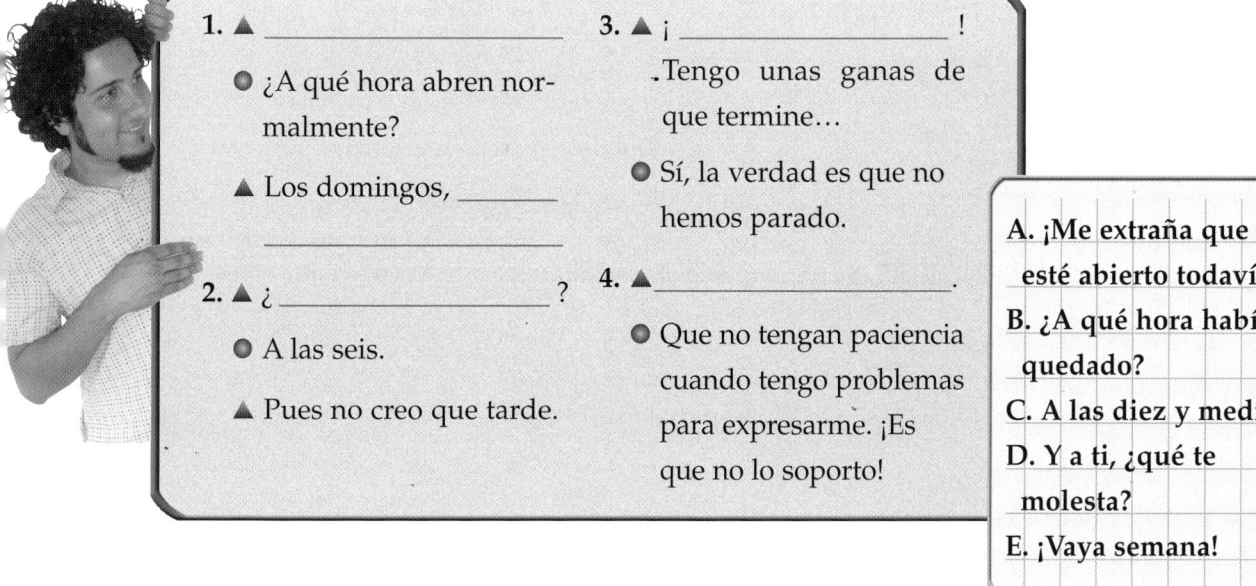

1. ▲ _____
● ¿A qué hora abren normalmente?
▲ Los domingos, _____ _____

2. ▲ ¿ _____ ?
● A las seis.
▲ Pues no creo que tarde.

3. ▲ ¡ _____ !
.Tengo unas ganas de que termine…
● Sí, la verdad es que no hemos parado.

4. ▲ _____ .
● Que no tengan paciencia cuando tengo problemas para expresarme. ¡Es que no lo soporto!

A. ¡Me extraña que no esté abierto todavía!
B. ¿A qué hora habíais quedado?
C. A las diez y media.
D. Y a ti, ¿qué te molesta?
E. ¡Vaya semana!

**Vamos a reflexionar**

## »» función: expresar sentimientos

**DESEO**
querer
desear
preferir
apetecer*
tener ganas de

**PENA**
**sentir**
lamentar
doler*
apenar*
entristecer*

**ENFADO**
enfadar*
molestar*
fastidiar*
no soportar
poner de mal humor*
no aguantar

**VERGÜENZA**
avergonzarse de
avergonzar*
dar vergüenza*

**SENTIMIENTOS**

**GUSTO**
gustar*
encantar*
entusiasmar*

**MIEDO**
temer
tener miedo de / a

**EXTRAÑEZA**
extrañar*
sorprender*

**ALEGRÍA**
alegrarse de
alegrar*

**CONFORMIDAD**
conformarse con
contentarse con
resignarse a

▲ *¿Qué te pasa?*

● Nada, que **no soporto que la gente sea** tan desagradecida.

Los verbos con * se utilizan en la tercera persona del singular o del plural.

Siempre que el VERBO (1) sea de sentimiento o similar, seguiremos las siguientes reglas:

**a) V(1) + V(2) INFINITIVO (sujetos iguales)**
—*Siento llegar tarde, es que he perdido el autobús.*
*(Siento yo llegar yo tarde)*

**b) V(1) + QUE + V(2) SUBJUNTIVO (sujetos diferentes)**

—*Siento que no puedas venir a la cena.*
*(Siento yo que tú no puedas venir a la cena.)*

# Gramática

## ▸▸ expresar valoraciones y expresiones

| Ser Estar Parecer | + | nombres adjetivos | + INIFITIVO + *que* + SUBJUNTIVO |
|---|---|---|---|

 **Todos los nombres, adjetivos y adverbios excepto los que vimos en la unidad 5 (verdad, claro, evidente, seguro, indudable, cierto, etcétera).**

▲ *¿Qué te parece si llamamos a la policía?*

● **Es mejor que esperemos** *un rato, a ver qué pasa.*

**Adjetivos:** *bueno, malo, mejor, peor, fácil, difícil, conveniente, necesario, curioso, raro, extraño, normal, probable, improbable, posible, imposible, estupendo, magnífico, maravilloso, imprescindible, esencial, indispensable, sorprendente, justo, injusto, ridículo, útil, inútil, terrible, horroroso, lógico, etcétera.*

**Nombres:** *un fastidio, una lata, una pena, una suerte, una ventaja, una barbaridad, una tontería, una estupidez, una coincidencia, un disparate, una bobada, una locura, mentira, etcétera.*

## ▸▸ expresar sorpresa

*¿Sí…? ¿De verdad? ¿En serio?*
*¡Es increíble!*
*¡No me digas!*
*¿Bromeas?*
*¿Lo dices en serio?*
*¿Cómo es posible?*
*¡No me lo puedo creer!*

## ▸▸ expresar aburrimiento

*¡Qué rollo!*
*¡Qué lata!*
*Es que siempre es lo mismo.*
*¡Qué pesadez!*
*¡Qué muermo!* (coloquial)

# VAMOS A PRACTICAR

**1.** Escucha y anota las razones por las que Ana va a pedirle el divorcio a Luis.

**2.** Vas a escuchar un diálogo en el aeropuerto internacional de La Aurora, en la ciudad de Guatemala. Completa el diálogo con las palabras que escuches.

▲ ¿Qué tal, _____?

● Bien, y vos, ¿qué hacés por _____?

▲ Vengo a _____ a mi hermano, que viene de Estados Unidos y pasará con nosotros este _____ .

● No sabía que tenías un hermano que viviera fuera.

▲ Sí, se fue hace diez meses y hoy vuelve por primera vez.

**3.** Con tu compañero/a establece una conversación para la siguiente situación:

**Alumno A**

Eres un estudiante. Llegas a la facultad y el servicio de fotocopias está cerrado. Son las doce de la mañana y no es normal. Vas a la conserjería y preguntas qué ha pasado.

**Alumno B**

Eres el conserje de la facultad y sabes que está cerrado porque la persona encargada está tomando un café y no ha dejado sustituto.

**4.** Reacciona con una expresión de sorpresa, aburrimiento o alegría.

**5.** Completa con indicativo, subjuntivo o infinitivo.

**1.** ▲ ¿Qué te pasa?

● Que no soporto que la gente (ser) _Sea_ tan agresiva.

**2.** ▲ ¿Qué quieres (hacer, nosotros)? _que hagamos?_

● Me apetece que (ir, nosotros) _vayamos_ al cine. ¿Tienes ganas de (ver) _ver_ la nueva película de Jodie Foster?

**3.** ▲ Mira, no aguanto que la casa (estar) _esté_ tan desordenada. ¿Es que no puedes dejar las cosas en su sitio?

● ¡No te pongas así, que no es para tanto!

**4.** ▲ Me sorprende que María no (venir) _haya venido_ _venga_ a la boda. Estaba invitada, ¿no?

● Bueno, si yo fuera la ex-novia, habría hecho lo mismo.

**5.** ▲ ¿Estás lista?

● Creo que sí, pero me da tanta vergüenza (hablar) _hablar_ en público…

**6.** ▲ Siento (llegar) _llegar_ tarde, es que el tráfico _____ .

● Pasa, pasa, todavía no hemos empezado.

**7.** ▲ ¡Es una lata que (haber) _haya_ huelga de autobuses! No sé cómo voy a ir al trabajo.

● ¿Te llevo?

**8.** ▲ Me parece un disparate que (ir, vosotros) _vayáis_ a Sevilla en coche, está demasiado lejos. ¿Por qué no vais en tren?

● Bueno, lo pensaré…

**71**

setenta y uno

**6.** ¡Vamos a hacer comparaciones, aunque hay un dicho en español que dice que son odiosas!

*¡Las comparaciones son odiosas!*

*El nivel de vida de los mexicanos es **más alto que** el de los polacos.*

*El alquiler de un piso en las afueras cuesta **menos que** en el centro.*
*La película no es **tan buena como** pensaba.*

1. ▲ ¿Te presentaron a la novia de Juan?

   ● Sí, pero no es _____ guapa _____ me dijiste.

   ▲ Pues a mí sí que me parece muy atractiva.

2. ▲ Anoche fuimos al cine.

   ● ¿Qué te pareció la película?

   ▲ Bueno, fue _____ buena _____ dicen las críticas.

3. ▲ ¿Es muy caro?

   ● Sí, bastante, pero no _____ _____ pensaba.

4. ▲ Este coche me gusta _____ _____ el deportivo que se ha comprado María.

   ● Ya, pero el de María no es _____ caro _____ éste, ¿no?

5. ▲ ¿Cómo has conseguido adelgazar tanto?

   ● Ahora hago _____ ejercicio _____ antes.

**7.** Completa con alguna de las siguientes preposiciones: *por, para*. Pide ayuda a tu profesor/a.

1. ▲ ¿Es muy caro?

   ● Lo he comprado _____ (=precio) 150 euros.

2. ▲ He traído las fotos del viaje _____ (=con el fin de) que las veas.

   ● ¿Qué bien!

3. ▲ Pasaré _____ (=tiempo) la tarde, a eso de las seis, ¿te va bien?

   ● ¡Perfecto! Te espero.

4. ▲ Pedro no puede ir a la reunión.

   ● ¡No te preocupes! Iré yo _____ (=en lugar de) él.

5. ▲ Han traído un paquete _____ (=destinatario) Luisa.

   ● Déjalo sobre la mesa, por favor.

6. ▲ Me han puesto una multa.

   ● ¿Y eso?

   ▲ _____ (=a causa de) aparcar en doble fila.

# SE DICE ASÍ Y ASÍ SE ESCRIBE

**1.** Escucha el siguiente fragmento de la obra teatral *Bajarse al moro* (J. L. Alonso de Santos, 1985) y fíjate en el vocabulario.

Chusa: ¿Se puede pasar? ¿Estás visible? **Que mira**, ésta es Elena, una amiga muy **maja**. Pasa, pasa Elena. Éste es Jaimito, mi primo. Tiene un ojo de cristal y hace sandalias.

Elena: ¿Qué tal?

Jaimito: ¿Quieres también mi número de carnet de identidad? **¡No te digo!** ¿Se puede saber dónde has estado? No viene en toda la noche, y ahora tan **pirada** como siempre.

Chusa: He estado en casa de ésta. **¿A que sí, tú?** No se atrevía a ir sola a por sus cosas por si estaba su madre, y ya nos quedamos allí a dormir. ¿Quieres un **bocata**?

Jaimito: **¡Ni bocata ni leches!** Te llevas las **pelas** y las llaves, y me dejas aquí **colgao, sin un duro...** ¿No dijiste que ibas a por papelillo?

Chusa: Iba a por papelillo, pero me encontré a ésta, ya te lo he dicho. Y como estaba sola.

Jaimito: ¿Y ésta quién es?

Chusa: Es Elena.

Elena: Soy Elena.

Jaimito: Eso ya lo he oído, que no soy sordo.

Elena: Sí, Elena.

Jaimito: Que quién es, **de qué va**, de qué la conoces...

Chusa: De nada. Nos hemos conocido anoche, ya te lo he dicho.

J. L. ALONSO DE SANTOS,
*Bajarse al moro*, (1994) Cátedra, Madrid

En grupos de tres, representad este fragmento teatral.

**Que mira:** voy a explicarte algo.
**¡No te digo!:** negación enfática, rechazo.
**Pirada:** loca.
**Bocata:** bocadillo.
**¡Ni bocata ni leches!:** negación enfática.
**¿A qué sí, tú?:** tengo razón, ¿verdad?

**Pelas:** dinero.
**Colgao:** (coloquial) sin medios.
**Sin un duro:** sin dinero.
**Papelillo:** un papel para cigarros, dosis de droga.
**De qué va:** a qué se dedica.

# UN PASO MÁS

① ¿Quieres saber algo más sobre la tuna? Lee el siguiente texto:

## LA TUNA

Una de las más originales tradiciones enraizadas en las universidades españolas es la de mantener grupos musicales, denominados tunas, constituidos por estudiantes. La palabra *tuna* significa vida holgazana, libre y vagabunda. La tuna es una estudiantina, es decir, un grupo de estudiantes integrado por 20 ó 30 instrumentistas de laúd, guitarra, violín, pandereta y palillos, que sale tocando y cantando por las calles para divertirse y recoger algún dinero que las gentes suelen darles por su actuación.

La tuna es, por encima de todo, una institución universitaria de carácter cultural que mantiene vivas las costumbres heredadas de los estudiantes españoles del siglo XIII; es, además, un punto de encuentro para todos los universitarios amantes del romanticismo, la noche, la música y los viajes. En sus orígenes agrupaba a todos aquellos estudiantes que no podían costearse su estancia en la universidad, y cantaban por los mesones para conseguir algo de dinero y un plato de sopa con los que mantenerse, por esta razón se les llamaba *sopistas*.

Hoy en día, la tuna ha perdido su función de medio de vida de los estudiantes que la integran (aunque todavía hay algunos tunos que se pagan los estudios con lo que obtienen de ella).

② Dile a tu profesor/a que te enseñe esta canción popular que suelen interpretar las tunas.

### FONSECA

Triste y sola,
sola se queda Fonseca,
triste y llorosa
queda la Universidad.
Y los libros,
y los libros empeñados
en el Monte,
en el Monte de Piedad.

¿No te acuerdas cuando te decía,
a la pálida luz de la luna,
yo no puedo querer más que a una
y esa una, mi vida, eres tú?
Y los libros,
y los libros empeñados
en el Monte,
en el Monte de Piedad

1. ¿Qué es una tuna?
2. ¿Dónde se encuentra su origen?
3. ¿Cuál es su función?
4. ¿Por qué se les llama sopistas?

**Fonseca:** Universidad de Santiago de Compostela y Palacio de Fonseca en la Universidad de Salamanca.

**Monte de Piedad:** lugar en el que se dejan temporalmente objetos de valor a cambio de dinero.

★★★★★★★★★★★★★★★★★★★★★★★★★★★★★

# AHORA YA PUEDO

**FUNCIONES**

☐ Expresar preferencias, gustos, pena, enfado, frustración.

☐ Valorar y opinar.

☐ Expresar aburrimiento.

☐ Expresar sorpresa.

**GRAMÁTICA**

☐ Usar verbos de sentimiento + INFINITIVO / SUBJUNTIVO.

☐ Usar el verbo *Ser* / *Estar* / *Parecer* + adjetivo / sustantivo + INIFINITIVO / SUBJUNTIVO.

☐ Utilizar preposiciones.

**VOCABULARIO**

☐ Comunicarme con coloquialismos.

☐ Hablar de la tuna y sus canciones.

# ¡TE ACONSEJO QUE VAYAS EN METRO!

## PRETEXTO

### Malas costumbres

Curiosamente, cuando los extranjeros (...) vienen a residir aquí, acaban adaptándose a nuestra filosofía vital. Les va (1) *la marcha* española. Como ya (2) *apuntara* el sociólogo chileno Pablo Hunneus, en su país, heredero también de (3) *atributos* hispanos, el proceso de aclimatación se produce (...) en tres etapas:

FASCINACIÓN: Al Llegar a España sienten un gran (4) *alivio* al comprobar que los españoles no llevamos al (5) *cinto* la espada de matar moros. Las gentes, el clima y las costumbres les atraen poderosamente. Todo es diferente en su país. La vida parece fácil. Se hacen amigos (6) *como churros*. Se come y se bebe a placer. Se aparca el coche donde uno quiere. Las multas no se pagan. Tampoco se declara todo lo que se gana. Los (7) *cheques sin fondos* no son un delito, sino un "trámite". Los médicos atienden por teléfono y recetan lo que a uno le gusta. Los horarios no importan. Les fascina nuestro ingenio. Desde las mil y una formas en que burlamos la ley, hasta (8) *el arte que nos damos* para rellenar las botellas con tapón irrellenable. Descubren que en este país no sólo todo es posible, sino que es ¡el auténtico paraíso terrenal!

DESESPERACIÓN: Al poco tiempo empiezan a (9) *detectar* extraños comportamientos. El apartamento que iban a alquilar no está listo en la fecha prometida y el precio es muy superior al (10) *pactado*. El certificado de residencia (11) *se demora* más de (12) *lo previsto* (...) (el concepto hispano de "mañana" significa un "indefinido futuro"). Se sorprenden de que un trámite burocrático lo tenga que resolver el electricista. Pero en seguida descubren que el (13) *enchufe* es algo muy distinto a lo que dice el diccionario. Que es algo imprescindible para que le instalen el teléfono, le entreguen el automóvil o le concedan la (14) *dichosa* autorización. Las normas no se cumplen o se reinventan cada día. Y nadie es responsable de nada.

HISPANIZACIÓN: Esta etapa se desarrolla cuando regresan a su país de origen. Allí (15) *ha de* enfrentarse a la racionalidad, la puntualidad y la seriedad. Pero ya no la soportan. La esclavitud del reloj y el trabajar sin interrupción siete horas seguidas es realmente agotador. No hay espacio para tomarse un vino y unas tapas en el bar de la esquina o charlar mientras se redacta el informe. En su país no hay lugar para la sorpresa (...) y echan en falta la ineficiencia. Lo serio es aburrido y "lo español", divertido.

F. GAVILÁN, *Guía de malas costumbres españolas*

Indica el significado de las siguientes expresiones según el contexto:

1. la marcha: _____
2. apuntar: _____
3. atributos: _____
4. alivio: _____
5. cinto: _____
6. como churros: _____
7. cheques sin fondos: _____
8. el arte que nos damos: _____
9. detectar: _____
10. pactado: _____
11. se demora: _____
12. previsto: _____
13. enchufe: _____
14. dichosa: _____
15. ha de + infinitivo: _____

## EN EL BANCO

▲ ¡Hola! **Verá,** durante los dos últimos años la declaración de la renta me ha salido positiva. Este año tengo que pagar a Hacienda 3.000 euros… **Como verá,** una barbaridad.

● ¿Tiene un fondo de pensiones?

▲ No.

● Pues le recomiendo que abra uno. Puede desgravar hasta un 15%.

▲ Sí… Yo había pensado abrir una cuenta especial para comprar una casa, ¿cómo se llama?

● Una cuenta Ahorro Vivienda.

▲ **Sí, eso.** ¿Puede decirme qué ventajas fiscales tiene?

## EN EL TRABAJO

▲ ¡Que lío! Resulta que había olvidado que hoy era nuestro aniversario… ¡María va a matarme!

● ¡Hombre!, todavía tienes tiempo para comprarle unas flores.

▲ No, si el problema no son las flores, el problema es que he quedado con el jefe para jugar al golf. ¿Qué hago?

● Yo que tú le mandaría a María un ramo de flores a la oficina y, mientras tanto, reservaría una mesa en un restaurante.

## EN EL AVIÓN

▲ ¿Me permite que le ayude?

● Gracias.

● **Por cierto,** ¿sabe qué distancia hay del aeropuerto al centro?

▲ Unos veinte kilómetros. Hay autobuses cada quince minutos.

## EN LA PUERTA DE CASA

▲ **Bueno,** me voy. Si no me doy prisa, voy a llegar tarde.

● ¿Dónde es la reunión?

▲ En el Hotel Meliá, cerca de la plaza de Brasil.

● ¿Vas a ir en coche?

▲ No, pensaba coger un taxi, no tengo ganas de conducir.

● Pues, no sé, pero…, yo te aconsejo que vayas en metro; hay mucho tráfico a estas horas.

## EN UNA SALA DE REUNIONES

▲ ¿Qué haces aquí?

● **Ya ves,** me pidió Cristina que viniera.

▲ ¿Te dijo para qué?

▲ No, pero supongo que hablaremos del proyecto de Ayuda a Uruguay.

▲ ¿Todavía no lo habéis terminado?

● ¡Que va! Es que con la burocracia no se puede hacer nada…

# CARA A CARA

**1.** Fíjate para qué usamos estas expresiones. Ayúdate con el *pretexto* y relaciona:

| | |
|---|---|
| **1. Bueno** | A. Introducimos una pregunta que no está relacionada con el tema de la conversación. |
| **2. Como verá…** | B. Introducimos una explicación o historia. |
| **3. Sí, eso.** | C. Nos ponemos en la situación del otro. |
| **4. ¡Qué lío!** | D. Expresamos confusión. |
| **5. ¡Hombre!** | E. Negamos enfáticamente para expresar que lo dicho no tiene sentido. |
| **6. Yo que tú…** | F. Nos dirigimos al otro de forma familiar. |
| **7. ¿Qué va!** | G. Expresamos que algo es evidente. |
| **8. Por cierto…** | H. Introducimos una despedida. |
| **9. Verá…** | I. Confirmamos con énfasis que lo dicho por el otro es lo que queríamos decir. |

**2.** Completa con alguna de las expresiones del recuadro anterior.

1. ▲ No sé que hacer…
   ● _____, le diría que no.

2. ▲ _____, ¿recibiste el fax que te envié?
   ● ¿Cuál?, ¿el de los precios?

3. ▲ ¡_____ , no te pongas así! ¡No es para tanto!
   ● Claro, como no te ha pasado a ti…

4. ▲ ¡Dígame!
   ● _____ , esta mañana me han robado la cartera y…

5. ▲ … y esto es todo lo que te cuento. ¡**Uy, que** tarde es! _____, te dejo. Mañana te llamo…
   ● ¡Hasta luego!

6. ▲ ¿Un dispositivo de seguridad personal? ¿Un *airbag*?
   ● _____ .

7. ▲ _____ . Lo he leído tres veces, pero es que **no entiendo ni jota**.
   ● Pero si es muy fácil, _____ .

**No entiendo ni jota:** no entiendo nada.
**¡Uy!:** interjección que usamos para expresar sorpresa.

**Vamos a reflexionar**

## ▸▸ pedir consejo y aconsejar

| | |
|---|---|
| ¿Qué me recomiendas? | Te recomiendo que + SUBJUNTIVO. |
| ¿Qué me aconsejas? | Te aconsejo que + SUBJUNTIVO. |
| ¿Qué me sugieres? | Te sugiero que + SUBJUNTIVO. |
| ¿Qué debo hacer? | Debes / tienes que + INFINITIVO. |
| ¿Qué harías tú? | Yo, (en tu lugar) + CONDICIONAL. |
| ¿Qué piensas? | Creo, pienso que + INDICATIVO. |
| ¡Sugiéreme algo! | ¡IMPERATIVO! |

| | |
|---|---|
| ▲ *No me apetecer ir.* | ▲ *Luis me ha invitado a su boda, pero no tengo muchas ganas de ir…* |
| ● **Yo, en tu lugar, iría.** *Te conviene distraerte.* | ● **Creo que debes ir;** *si no, va a enfadarse.* |
| ▲ **¡Llevo dos semanas con una alergia horrible!** | ▲ *¡No sé qué ponerme!* |
| ● *Pues **ve** al médico.* | ● **Te sugiero que te pongas** *el vestido negro. ¡Te sienta fenomenal!* |

 deber + INFINITIVO / deber de + INFINITIVO

## ▸▸ verbos de influencia + *que* + subjuntivo

Los verbos de influencia son aquellos que expresan acción, petición, mandato o consejo sobre otra persona.

▲ *Tengo tantas cosas que hacer… ¡Qué agobio!*

● **Te aconsejo que hagas** *una lista de prioridades.*

| | | |
|---|---|---|
| ordenar | permitir | |
| mandar | dejar | |
| aconsejar | prohibir | |
| recomendar | impedir | **+ QUE + SUBJUNTIVO** |
| pedir | hacer | |
| rogar | **decir** | |
| suplicar | lograr | |
| sugerir | conseguir | |

 *lograr, conseguir, necesitar* + INFINITIVO (sujetos iguales)

▲ *¿Qué tal?*

● *Muy bien, por fin **he conseguido terminar** el informe.*

## ▶ pretérito imperfecto de subjuntivo

|  | LLEVAR | VENDER | SUBIR |
|---|---|---|---|
| (yo) | llevara /se | vendiera / se | subiera / se |
| (tú) | llevaras /ses | vendieras / ses | subieras / ses |
| (él / ella, usted) | llevara /se | vendiera / se | subiera / se |
| (nosotros / as) | lleváramos /semos | vendiéramos / semos | subiéramos / semos |
| (vosotros / as) | llevarais /seis | vendierais / seis | subierais / seis |
| (ellos / ellas, ustedes) | llevaran /sen | vendieran / sen | subieran / sen |

## ▶ concordancia verbal

| 1. VERBO (1) | + *QUE* | + VERBO (2) SUBJUNTIVO |
|---|---|---|
| presente |  | presente |
| futuro |  | pretérito perfecto |
| pretérito perfecto |  |  |

▲ *¡Venga…!*

● *¡Ya, ya…!* **No creo que tarde** *más de cinco minutos, espera un momento.*

| 2. VERBO (1) | + *QUE* | + VERBO (2) SUBJUNTIVO |
|---|---|---|
| pretérito perfecto |  | imperfecto |
| pretérito |  | pluscuamperfecto |
| pretérito perfecto pluscuamperfecto condicional |  |  |

▲ *¿Qué tal la barbacoa?*

● *¡Fenomenal!* **Sentimos** *tanto* **que no vinieras**…

 A veces, la expresión de sentimientos u opiniones actuales sobre sucesos pasados nos obliga a romper la regla:

▲ **Siento que no pudieras venir.** *Lo pasamos muy bien.*

● *Más lo sentí yo, pero me resultó imposible.*

**1.** Señala con una cruz qué le recomienda.

| Le recomienda... | Que vaya | Que no vaya |
|---|---|---|
| A | X | |
| B | X | X |
| C | | X |
| D | X | |

**2.** Estos tres estudiantes extranjeros viven en Madrid. Escucha y escribe por qué recomiendan esta ciudad para vivir y para estudiar.

SONIA
(ALEMANIA)

YOUNGSIK
(COREA)

XARIS
(GRECIA)

| Sonia Alemania | Youngsik Corea | Xaris Grecia |
|---|---|---|
| Para Madrid | madrid | Madrid |
| ciudad grande | parques | lugar estupendo |
| cultura más | zones verdes | nunca duerme |
| pisa comparto | | fácil conoce |
| ambiente pequeno | | gente |

**3.** Imagina que eres..., y da consejos a tu compañero/a.
Revisa las estructuras gramaticales que necesitamos.

**1.** Eres el ganador de la última competición de ciclismo y un joven aficionado quiere llegar a ser como tú.

**2.** Eres un profesor con mucha experiencia y una recién licenciada en educación te pide consejo.

**3.** Eres una modelo guapa y famosa; aconseja a un grupo de jóvenes que quieren seguir tus pasos.

**4.** Eres el mejor vendedor de tu empresa; aconseja a los nuevos empleados.

**5.** Eres una decoradora experta y tu mejor amiga quiere decorar su dormitorio.

**4.** ¡Fíjate! El condicional es muy sencillo y también lo utilizamos para dar consejos.

–No sé qué maleta llevar...

–*Yo que tú, llevaría la pequeña.*

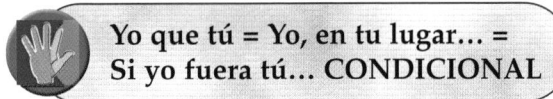

**Yo que tú = Yo, en tu lugar... = Si yo fuera tú... CONDICIONAL**

|  | **LLEVAR** | **TRAER** | **PERMITIR** |
|---|---|---|---|
| (yo) | llevaría | traería | permitiría |
| (tú) | llevarías | traerías | permitirías |
| (él / ella / usted) | llevaría | traería | permitiría |
| (nosotros / as) | llevaríamos | traeríamos | permitiríamos |
| (vosotros / as) | llevarías | traerías | permitiríais |
| (ellos / ellas, ustedes) | llevarían | traerían | permitirían |

**Ahora, con esta fórmula da consejos a tu compañero/a.**

1. *Mañana es el cumpleaños de mi padre y no sé qué regalarle.*
2. *El sábado tengo una boda y no sé qué ponerme.*
3. *Llevo tres años estudiando español, pero todavía no lo hablo con fluidez.*
4. *Este año termino la carrera y no sé qué voy a hacer con mi vida.*
5. *Quiero cortar con Jaime, pero no sé cómo decírselo... ¡No olvides que hemos salido durante cinco largos años!*
6. *Mañana son las Bodas de Plata de mis padres y yo estoy a 2.000 kilómetros de distancia, ¿qué puedo hacer?*

**5.** Son irregulares los mismos verbos que lo son en el pretérito. Relaciona y, después, añade el pretérito imperfecto de subjuntivo correspondiente.

| decir | anduve | anduviera / se |
|---|---|---|
| tener | cupe | _____ |
| estar | di | _____ |
| andar | dije | _____ |
| dar | estuve | _____ |
| traer | hube | _____ |
| ir /ser | fui | _____ |
| caber | pude | _____ |
| poner | puse | _____ |
| poder | quise | _____ |
| saber | supe | _____ |
| venir | tuve | _____ |
| haber | traje | _____ |
| querer | vine | _____ |

**6.** Completa con presente, pretérito o pretérito imperfecto de subjuntivo.

1. ▲ ¡Qué raro! Hace días que no veo a los vecinos.

   ● No creo que les (pasar) _____ nada, estarán de vacaciones.

2. ▲ ¡Caramba! ¡Me he cortado!

   ● ¡Te dije que (tener, tú) _____ cuidado! Es que no me escuchas…

3. ▲ ¡Qué pena que no (venir) _____ Raquel!

   ● Sí, yo también siento mucho que no (poder) _____ venir.

4. ▲ Os aconsejo que (ir, vosotros) _____ en septiembre; en agosto hace demasiado calor.

   ● Ya, pero la Feria de Málaga es en agosto.

   ▲ A mí me da igual. Haced lo que (querer, vosotros) _____ , yo sólo os aviso.

5. ▲ ¿Lo entendió?

   ● Sí, después de explicárselo tres veces, logré que lo (entender, él) _____ .

6. ▲ ¿Cuál me pongo? ¿La blanca, o la de flores?

   ● Hombre, la blanca es más discreta! No sé, ponte la que (querer, tú) _____ .

   ▲ Cuando tenía veinte años, no me dejaban que (llegar, yo) _____ más tarde de las once.

   ● ¿De verdad?

8. ▲ El programa está muy bien: las clases son muy buenas, los profesores, majos… Lo único que no nos dejan es que (alquilar, nosotros) _____ motocicletas o coches.

   ● ¿Y eso?

9. ▲ ¡Juan está de un humor de perros! ¿Qué le has dicho?

   ● Pues le he dicho que me (dejar, él) _____ en paz.

10. ▲ ¡Te dije que (conectar, tú) _____ el contestador antes de salir!

   ● Lo siento, se me olvidó.

**7.** Indica qué no está permitido en esta piscina.

*No está permitido que la gente se bañe sin gorro.*

# SE DICE ASÍ Y ASÍ SE ESCRIBE

**1.** Lee este texto con tu compañero/a:

| | |
|---|---|
| V : ¿Conoce a mi cuñado? | V: ¿Y a mi cuñada? |
| B : No. | B: No. |
| V : Ah, ¿no lo conoce? | V: ¿No tiene usted ningún cuñado? |
| B : No. | B: No. |
| V : Pues pensaba que lo conocía. | V: ¿Ni cuñada? |
| B : No. | B: No. |
| V : ¿No le conoce de nada? | V: ¿Tampoco tiene ningún hermano? |
| B : No. | B: No. |
| V : ¿Ni lo ha visto nunca? | V: ¿Gemelos? |
| B : No. | B: No. |
| V : Pero, ¿no sabía que yo tenía un cuñado? | V: ¿Tiene hijos? |
| B : No. | B: No. |
| V : ¿Y no le gustaría conocerlo? | V: Así que…, ¿no tiene de nada? |
| B : No. | B: No. |

K. VALENTIN *Teatre de Cabaret*, 1983 (Adaptado).

Ahora sustituye la palabra *no* por alguna de las expresiones
siguientes, teniendo cuidado de que la que elijas se acomode al contexto.
Pide ayuda a tu profesor/a.

No, eso sí que no.
No es cierto.
No es verdad.
Está claro que no.
Seguro que no.
No, lo siento.
¡Qué va!

¡Naranjas de la China!
No, no y no.
Te digo que no y, cuando yo te
digo que no, es que no.
Ya te he dicho que no, ¿quieres
que te lo repita en suahili?
No, hombre, no.

No y mil veces no.
Que no, pero que no y que no.
Es evidente que no.
Te digo que no.
No, no puedo.
¡Y un jamón!
Tampoco.

**2.** Reacciona ante las siguientes situaciones con una negativa:

▲ ¡Oye! ¿Me dejas tu coche para este fin de semana? Es que viene Aimée y me gustaría llevarla a
la sierra…

○ _____

▲ ¿Qué te parece si vamos al cine esta tarde?
Podríamos ver la última película de Antonio
Banderas.

○ _____

▲ ¡Venga! Es la última vez que te lo pido…, vente
con nosotros, por favor. Lo pasaremos de maravilla.

○ _____

▲ Mira, tienes que salir, no puedes estar todo el
día en casa. Si no quieres ir al cine, vamos a
tomar algo.

○ _____

▲ No creo que la hayas perdido. ¿Estás segura de
que no dejaste la cartera en la biblioteca?

○ _____

# UN PASO MÁS

(1) Estas son algunas de las capitales del mundo hispano. Lee los textos e indica las ventajas e inconvenientes. Elige una de ellas y recomiéndasela a tu compañero/a para hacer un curso intensivo de español en el mes de mayo.

### BOGOTÁ

Es la capital de Colombia. Se trata de una extensa sabana rodeada de cadenas montañosas cuyo clima es de tipo tropical, con dos períodos húmedos; marzo / mayo y septiembre / noviembre. La temperatura media anual es de 15 °C. La ciudad tiene casi cinco millones de habitantes, con un crecimiento ascendente, ya que la media de hijos por mujer en edad fértil es de 2,59. La vida en la ciudad presenta dos problemas fundamentales: el transporte, ya que carece de red de metro, y la inseguridad ciudadana.

### LA HABANA

Es una ciudad relativamente pequeña, con una población de dos millones de habitantes distribuidos en 727 km². El clima de La Habana tiene características tropicales con un período lluvioso, de mayo a octubre, y otro seco, de noviembre a abril. El mes más cálido es agosto, con una temperatura media de 27 °C. El medio habitual para el transporte urbano es el autobús. El nivel de vida es bajo y la oferta cultural, muy limitada.

### BUENOS AIRES

La ciudad de Buenos Aires fue declarada en el año 1880 Capital Federal de la República Argentina. El factor fundamental que condicionó el emplazamiento de la ciudad fue el Río de la Plata, considerado el río más ancho del mundo. El clima es templado con influencia oceánica y la temperatura media anual, de 18 °C. Cuenta con un sistema de transporte subterráneo con una extensión de treinta y siete kilómetros y seis líneas de tren que comunican con localidades del área metropolitana. Buenos Aires tiene una amplia oferta cultural: 81 museos, 57 bibliotecas, 98 cines y 48 teatros.

★★★★★★★★★★★★★★★★★★★★★★★★★★★★★★

# AHORA YA PUEDO

## FUNCIONES

☐ Pedir y dar consejos.

☐ Recomendar.

## GRAMÁTICA

☐ Utilizar los verbos de influencia + *que* + SUBJUNTIVO.

☐ Usar la construcción: *Yo, en tu lugar,* + CONDICIONAL.

☐ Realizar la concordancia de tiempos verbales.

☐ Usar el imperfecto de SUBJUNTIVO.

## VOCABULARIO

☐ Usar la negación.

☐ Hablar de ciudades del mundo hispano.

☐ Comunicarme en el banco.

**PRETEXTO**

---

### HUMANA PEOPLE TO PEOPLE

**VOLUNTARIADO PARA MOZAMBIQUE Y ZAMBIA**

14 meses, incl. 6 meses preparación en Escandinavia

Ayuda infantil y proyectos educativos
Becas disponibles

Contacto: puk@humana.org

**Teléfono 0045 24 42 41 33**
www.humana.org

---

### INGENIERO DE CAMINOS

**se requiere para constructora de Burgos**

Con 5 años de experiencia
Enviar *currículum vitae* al
Apdo. de Correos 524 de Burgos

---

...ollo, ..., fabricación y comercialización del sector auxiliar de automo...
...más prestigiosas Compañías de Automóviles, precisa incorpo...
en Madrid:

### Ingenieros/as de Diseño

Participarán en el estudio de viabilidad del nuevo producto, responsabilizándose de la definición del mismo, modelos 3D y planos, manteniendo continuos contactos con interlocutores internos y externos a la propia organización, experimentando en prototipos y participando en las modificaciones que se produzcan durante la vida del producto.

**Buscamos profesionales con las siguientes cualidades:**

■ Ingeniería/as, con dominio del idioma inglés. Se valorarán los conocimientos de Alemán, por tener clientes de esta nacionalidad.
■ Dominio de CAD, preferiblemente sistema CATIA.
■ Deberán poseer una experiencia mínima de 2 años en proyectos de piezas y ensamblaje de conjuntos relacionados con la inyección de plásticos, con conocimiento de las técnicas de soldadura de termoplásticos, tratamiento de superficie y moldes de inyección.
■ Conocimientos de la normalización estándar, ISO 9000, QS 9000 y VDA.
■ Disponibilidad para viajar.
■ Deberán poseer una elevada orientación hacia la mejora continua, el orden, la calidad y el trabajo en equipo.

**Ésta es nuestra oferta:**

Incorporación a Departamento en expansión y crecimiento, donde encontrarán una cultura de calidad muy desarrollada, además de una retribución competitiva y negociable en función de la experiencia y conocimientos aportados.

**Regístrate y envía tu CV**
a través de nuestro site:
o bien al e-mail: 4614@hayseleccion.es

www.hayseleccion.es
Hay Selección ...

---

### Hotel Maisonnave de Pamplona

Solicita

## Maître-Responsable

ÁREA DE RESTAURACIÓN Y SALONES

Interesados enviar Currículum con foto a:
c/. Nueva, 20 – 31001 PAMPLONA

---

### POLARIS WORLD
Empieza a vivir

**Selecciona para trabajar en Murcia:**

## DISEÑADOR GRÁFICO

El grupo Polaris World proyecta, construye y comercializa grandes proyectos urbanísticos en el Levante español.

Es una empresa dinámica en pleno proceso de expansión tanto nacional como internacional.

**Misión:**
Realizar las tareas de diseño, arte final y revisión del material gráfico de la empresa.

**Requisitos:**
• Experiencia en maquetación. Dominio de programas: Freehand, Photoshop, Quark-X-Press, Dream Weaver, Flash MX, 3D Softimage, 3D Studio Max y Fotografía Digital.
• Imprescindible nivel alto de inglés. Se valorarán otros idiomas.
• El candidato ideal debe ser una persona organizada, creativa y con iniciativa. Con capacidad de trabajar en equipo. Acostumbrada a trabajar con plazos ajustados.

**Se ofrece:**
• Retribución económica conforme a la valía del candidato.
• Integración en una empresa en pleno proceso de expansión tanto nacional como internacional dentro de un equipo implicado en un gran proyecto.

**Interesados:**
Los interesados pueden dirigirse adjuntando currículum vitae y foto reciente a:
Parque Empresarial Polaris World - Autovía Murcia-San Javier km 18
30591 Balsicas – Murcia.

E-mail: rrhh@polarisworld.com

Fecha límite de recepción de currículum 30 de abril de 2004.

---

### EMPRESA LÍDER EN EL SECTOR

requiere para su división de Electrónica Profesional

## 2 PROGRAMADORES APLICACIONES MULTIMEDIA

*Ref. PROG/APLIC*

• Formación técnica / Programación en Visual Basic, C/C++ y bajo plataforma Microsoft. NET, valorándose la admon. de Sist. Microsoft Windows 2000 Server.

**Zona trabajo, Cibeles**

## 2 TÉCNICOS ELECTRÓNICOS POST-VENTA

*Ref. TEC.SAT*

• Formación FP2 Electrónica y permiso de conducir.

**Zona trabajo, S. Sebastián Reyes**

## ADMINISTRATIVO-CONTABLE

*Ref. ADM*

• Formación contable e informática.

**Zona trabajo, Cibeles**

## SECRETARIA-RECEPCIONISTA

*Ref. SR*

• Dinámica, con iniciativa y buena presencia.

**Zona trabajo, Cibeles**

**SE REQUIERE:**
• Experiencia mínima de 2 años y conocimientos de inglés.

**SE OFRECE:**
• Retribución según valía, formación específica, incorporación inmediata y absoluta reserva.

**Enviar** *curriculum vitae*, con fotografía reciente, al apartado de Correos 485, 28080 Madrid, indicando la referencia correspondiente al puesto o al e-mail fin@siaisa.es

---

### Pull and Bear

En Pull and Bear creamos un estilo muy personal.

Con 349 centros de moda en las calles más comerciales, vestimos con carácter propio a miles de personas, cada temporada.

Marcamos una manera natural de sentir la moda.

En Pull and Bear además pensamos en tu futuro. Ven a desarrollar una gran carrera profesional con trayectoria internacional.

---

Para nuestro Departamento de Imagen, en las oficinas centrales de Pull and Bear en Narón-A Coruña, nos gustaría incorporar:

### Director de Escaparatismo (Ref.: ESC)

Buscamos un profesional creativo con gusto por la moda y decoración, exigente y perfeccionista con su trabajo, habituado a coordinar proyectos de escaparates en múltiples puntos de venta.
Es necesario experiencia de 3 años creando escaparates y valoraremos conocimientos de coordinación de tiendas.

Será responsable de la creación de la imagen de los escaparates para nuestras tiendas, definiendo el concepto de nuestro producto a partir de elección de prendas, coordinación del maniquí y diseño de ambientes: mobiliario, disposición de productos, iluminación...
Será el transmisor de las tendencias y la moda a nuestro público.

Envíanos tu C.V. con fotografía reciente a:
Fax: 981 33 49 26.
o e-mail: rrhh@pullbear.com
o por correo: Recursos Humanos-Pull and Bear
Pol. Río Do Pozo, Avda. Gonzalo Navarro, 37-43.
15540 Narón (A Coruña)

www.pullbear.net/curre
www.inditex.net/curre

---

### Nobel Biocare
A new way to think...and act!

Emp... ...ial en el sector de Implantes Dentales, siguiendo su proceso de expansión y ampliación de sus líneas de negocio, precisa incorporar para la zona Norte:

### Jefe de Ventas Regional

En dependencia del Director Comercial, se responsabilizará de la implantación de la política comercial de la Compañía y la consecución de los objetivos comerciales en su zona (Galicia, Asturias, País Vasco, Navarra, La Rioja y Aragón) promocionando nuestros innovadores y reconocidos sistemas de implantes, contando para ello con un equipo de comerciales, a los que deberá dirigir, motivar y desarrollar.

**Buscamos profesionales con las siguientes cualidades:**

Estudios Superiores, complementados con una formación en Gestión y una amplia experiencia en puesto de similares características, dirigiendo equipos de venta, preferiblemente en el sector médico (dental, instrumentación para laboratorio, etc). Deberá estar habituado a trabajar con soporte informático, valorándose conocimientos del idioma Inglés. Es imprescindible, asimismo, tener una clara orientación a objetivos y hacia el trabajo en equipo, así como una alta capacidad de liderazgo.

**Ésta es nuestra oferta:**

Magnífica oportunidad de desarrollar una carrera profesional dentro de un prestigioso grupo multinacional con una sólida implantación en el mercado. Formación continuada a cargo de la empresa y una competitiva retribución económica compuesta de fijo + incentivos y coche de empresa.

**Regístrate y envía tu CV**
a través de nuestro site:
o bien al e-mail: 4286@hayseleccion.es

www.hayseleccion.com

Hay Selección Consumo y Healthare

---

## EN UN CONCURSO DE TELEVISIÓN

▲ Tiene sesenta segundos para adivinar el nombre de un escritor hispano que ha realizado recientemente unas declaraciones polémicas.

● Mario Vargas Llosa.

▲ ¡No! Inténtelo de nuevo, cincuenta y cinco segundos.

● Carlos Fuentes.

▲ ¡No! Voy a darle una pista: la polémica es de tipo gramatical.

● Gabriel García Márquez.

▲ ¡Exacto! Cien puntos para el concursante.

## EN UNA AGENCIA INMOBILIARIA

▲ ¡Buenas tardes! ¿En qué puedo ayudarle?

● Verá, dentro de dos meses voy a mudarme y necesito un piso… Tengo tres hijos y me gustaría que estuvieran cerca de un colegio.

▲ ¿Prefiere que esté en las afueras o en el centro?

● Céntrico, y que esté bien comunicado. Si es posible, que haya una boca de metro cerca.

▲ Bien, un piso en el centro…, ¿tres dormitorios?

● Cuatro mejor, y es importante que tenga, al menos, dos cuartos de baño.

## EN UNA AGENCIA DE RECURSOS HUMANOS

▲ En Castrol necesitan un asistente de Dirección.

● ¿Qué requisitos piden?

▲ Quieren que tenga experiencia, que hable inglés con fluidez y que sepa informática.

● Toma, aquí tengo siete currículos con esas características…

▲ A ver… ¡Fíjate! Aquí hay una colombiana que habla inglés, francés, alemán, japonés, rumano y, claro, español…

● Pues, pásaselo a los que llevan la referencia 3001, les vendrá bien.

▲ ¡Oye! Han llamado de Walt Disney. Dicen que es urgente sustituir al jefe de Producción.

● Es que no tengo a nadie que pueda servirles.

▲ Quieren que no haya trabajado en la competencia. ¡Oye! ¿Y aquel tipo que vino a traer su currículum en mano? Sí, hombre, el que había ganado un premio…

## EN UNA AGENCIA DE VIAJES

▲ ¡Hola! ¿Puedo ayudarle?

● Pues sí, mire, va a parecerle increíble, pero acaba de tocarme la lotería y…

▲ Y quiere hacer un viaje, ¿no? ¿Adónde le gustaría ir?

● No sé, la verdad es que nunca he salido de este pueblo… Quiero ir a un lugar que tenga historia, un lugar donde haga buen tiempo…

▲ ¿Qué le parece, por ejemplo, México?

# CARA A CARA

**1.** ¡Fíjate!

| CON INDICATIVO | CON SUBJUNTIVO |
|---|---|
| *Aquí tienes una colombiana **que habla** inglés, francés, alemán…* <br> *…el **que había ganado** un premio…* | *Quieren **que tenga** experiencia, **que hable** inglés con fluidez…* <br> *Quieren **que no haya trabajado** en la competencia.* |

**2.** Completa con alguno de los elementos del recuadro. Puedes ayudarte con *el Pretexto*.

1. ▲ ¿Un piso céntrico?

   ● Sí, _____

2. ▲ _____

   ● Una persona que sea muy creativa.

3. ▲ _____

   ● Mi prima vivió en Japón durante nueve años.

4. ▲ Es una cosa pequeña que hay en las puertas, como un agujero donde ponemos la llave…

   ● _____

   ▲ Sí, eso es.

5. ▲ ¿Te pongo algo de beber?

   ● _____, por favor.

A. Algo que esté muy frío.

B. ¿Qué tipo de persona necesitas?

C. Que tenga dos cuartos de baño.

D. Una cerradura.

E. ¿Conoces a alguien que sepa japonés?

# Funciones

## ▸▸ describir algo o a alguien que conocemos

### VERBO (1) + NOMBRE + *QUE* + VERBO (2) INDICATIVO

▲ *No sé cómo se llama, pero **es una cosa que sirve** para hacer zumos de fruta…, y funciona con electricidad.*

● *Una licuadora.*

▲ *Sí, eso.*

▲ ***Es una expresión que utilizamos*** *cuando alguien nos molesta…*

● *¿Cómprate un bosque y piérdete? ¿Vete a pintar monas? ¿Vete a freír espárragos?*

## ▸▸ describir algo o alguien que deseamos, necesitamos, buscamos y no conocemos

### VERBO (1) + NOMBRE + *QUE* + VERBO (2) SUBJUNTIVO

▲ *¿Qué tipo de sofá quiere?*

● *No sé… Me da igual, pero **quiero (un sofá)** que sea cómodo.*

▲ *¿Un piso o un chalé?*

● *Mejor un piso. Un piso grande, **necesito (un piso) que tenga,** al menos, cuatro dormitorios.*

### ▸▸ ser

**1. Nacionalidad, profesión, ideología, religión, posesión.**
—*Juan **es** anarquista, ¿lo sabías?*

**2. Descripción de personas y cosas.**
—*Alicia **es** una mujer muy guapa.*

**3. Expresión de tiempo, fechas.**
—*Hoy **es** 17 de junio.*
—*¡Qué tarde oscurece! Todavía **es** de día.*

**4. Cantidad total.**
—*En clase **somos** veinte.*
—***Son** 50 €, por favor.*

**5. Tener lugar, ocurrir (un evento o acontecimiento).**
—*La clase **es** en el aula 20.*

### ▸▸ estar

**1. Estado civil (casado, soltero, divorciado).**
—*¿Todavía **estás** soltero?*

**2. Estado en que se encuentra algo o alguien.**
—*La impresora **está** estropeada.*
—*Mi jefa **está** muy deprimida.*

**3. Expresión de fechas, estaciones y meses.**
—***Estamos** a 17 de junio.*
—*¡Ya **estamos** casi en agosto!*

**4. Cantidad parcial o por unidad.**
—*La libra **está** a 1,50 euros.*

**5. Localización, situación.**
—*El aula 20 **está** en la segunda planta.*

# Gramática

## ▸▸ los relativos

### QUE

**a.** Se refiere a una persona, animal o cosa.
**b.** Con preposición, lleva artículo.
**c.** ARTÍCULO + *que* al principio de una frase.
**d.** *Todo* + ARTÍCULO + *que.*
— *Las personas* **que** *han terminado, pueden salir.*
— *Esa es la chica* **de la que** *te hablé.*

### QUIEN

**a.** Se refiere a una persona.
**b.** Es variable: *quien /quienes.*
**c.** Nunca lleva artículo.
— **Quienes** *(= los que) hayan terminado, pueden salir.*
— **Quien** *(= el que) sepa la respuesta, que levante la mano.*

### ARTÍCULO + CUAL

**a.** Se refiere a persona, animal o cosa.
**b.** Sólo en frases explicativas.
**c.** Se usa más con preposición.
— *Han construido una carretera para ir a la finca,* **por la cual** *se tarda mucho menos.*

### CUYO -A, -OS, -AS

**a.** Va entre dos nombres.
**b.** Concuerda en género y número con el segundo.
**c.** Es de uso mayoritariamente culto.
— *Salamanca es una ciudad* **cuya vida** *estudiantil es muy famosa.*

### DONDE

**a.** Se refiere a un lugar.
**b.** Es equivalente a **en el que, en la que, en los que, en las que.**
— *El pueblo* **donde (en el que)** *veraneo es muy pequeño.*

### CUANDO

**a.** Se refiere a un tiempo o momento.
**b.** *SER* + expresión de tiempo + *cuando.*
—*Fue* *el verano pasado* *cuando* *nos conocimos.*

### CUANTO -A, -OS, -AS

**a.** Se refiere a una cantidad.
**b.** Equivale a *lo que* o *todo lo que.*
**c.** Presenta variación de género y número.
— *Invita a* **cuantas personas** *quieras.*
— *Nos dio* **cuanto (todo lo que)** *tenía.*

### COMO

**a.** Se refiere a la forma o manera.
**b.** Es equivalente a *de la manera que.*
**c.** *SER* + GERUNDIO + *como.*
— *Hazlo* **como (de la manera que)** *quieras.*
— **Es** *comiendo* **como** *se engorda.*

# VAMOS A PRACTICAR

**1.** Indica de qué objeto están hablando en cada una de las conversaciones.

1. _limpia, è fregona_
2. _paellera_

**2.** ¿Qué tipo de gente hay en tu clase? Pregunta si hay alguien que... + subjuntivo.

> –¿Hay alguien que haya estado en México alguna vez?
>
> –¡Yo...! Estuve hace dos años.

saber los ingredientes para una sangría
saber cómo se cocina la paella
hablar japonés
ser hijo/a único/a
jugar al golf
tener alergia a algo

ser zurdo/a
saber cómo se baila La Macarena
montar a caballo
desayunar cereales
odiar la cerveza
ser aficionado a las corridas de toros

**3.** ¿A qué tipo de profesional buscan? Habla con tu compañero/a.

> –Buscan un profesor de español que conozca muy bien la lengua y la cultura hispánicas, que sea estusiasta...

### VENDEDOR/A

Tener buena presencia.
Tener don de gentes y fluidez verbal.
Disponer de coche propio.
Tener poder de seducción.
Tener disponibilidad para viajar.
Hablar inglés y alemán.

### PROFESOR/A DE ESPAÑOL

Conocer bien la lengua y cultura hispánicas.
Ser entusiasta y paciente.
Ser creativo y dinámico.
Tener capacidad de organización.
Tener experiencia docente.
Tener la licenciatura en Filología Hispánica.

### ASISTENTE DE CONGRESOS

Medir 1,65 mínimo.
Tener buena presencia.
Tener titulación universitaria.
Ser extrovertido/a.
Hablar inglés y francés.

### GUÍA TURÍSTICO/A

Tener un excelente conocimiento de la geografía.
Estar especializado en Historia.
Hablar inglés.

**4.** Han llegado las vacaciones; tienes quince días, pero andas un poco desorientado; sabes lo que quieres, pero no sabes adónde ir. Ve a la agencia de viajes.

| UN TIPO CON SUERTE | AGENCIA DE VIAJES |
|---|---|
| un lugar con buen tiempo garantizado<br>no gastar más de 570 euros<br>un lugar con playa<br>un hotel con piscina<br>un lugar con poca gente<br>pensión completa | (Piensa en la mejor oferta para satisfacer los deseos de tu *desorientado* cliente) |

**5.** Completa con indicativo o subjuntivo.

1. ▲ No sé cómo se dice en español. Es una cosa que (servir) _____ para abrir botellas de vino.

   ● Un sacacorchos o, en general, un abridor.

2. ▲ Estoy buscando un piso, pero necesito que (tener) _____ , al menos, tres dormitorios y dos cuartos de baño.

   ● Creo que (tener, yo) _____ lo que (necesitar, usted) _____ .

3. ▲ ¿Conoces a alguien que (odiar) _____ el fútbol?

   ● Sí…

   ▲ ¿En serio? ¿Quién?

   ● Pues yo.

4. ▲ No conozco a nadie a quien le (gustar) _____ ir al dentista.

   ● Yo, tampoco.

5. ▲ ¿Qué le pongo?

   ● Póngame una botella de agua, por favor.

▲ ¿Con o sin gas?

● Sin gas, y que (estar) _____ muy fría, por favor.

6. ▲ Mire, quiero un coche que (ser) _____ pequeño y que (tener) _____ aire acondicionado.

   ● ¿Qué le parece ese Twingo rosa?

   ▲ ¡Estupendo! Me lo llevo.

7. ▲ ¡Qué rabia! No tengo ningún par de zapatos que (ir) _____ con este vestido.

   ● Yo creo que los azules no (quedar) _____ mal.

8. ▲ Tengo la persona que necesitas, conozco a un chico que (tener) _____ mucha iniciativa.

   ● Pues, dile que (mandar, él) _____ su currículum vitae.

## 6. Completa con un relativo.

QUE
QUIEN
ART. + CUAL
DONDE
COMO
CUANDO
CUANTO
CUYO — whose
EL QUE — the
LA QUE — no one
LO QUE

1. ▲ ¡Ya he terminado! ¿Dónde lo pongo?
   ● _Donde_ quieras, pero ten cuidado.

2. ▲ He traído todo _que_ he encontrado en casa.
   ● Muy bien, gracias.

3. ▲ La profesora a _quien_ saludé el otro día en el bar es muy simpática.
   ● ¿Y qué clase da?

4. ▲ _Como_ quiere, puede.
   ● ¡Pues yo no estoy de acuerdo!

5. ▲ ¿Dónde has puesto la planta?
   ● En la única ventana _la que_ da la sombra.

6. ▲ ¡Cómo he engordado!
   ● Pues ya sabes. Es pasando hambre _cuando_ uno adelgaza.

7. ▲ Comed _lo que_ queráis, hay comida de sobra.
   ● Gracias, está todo muy bueno.

8. ▲ ¿Adónde vamos?
   ● Me es lo mismo. _Donde_ quieras.

9. ▲ ¿Vamos en metro, o cogemos un taxi?
   ● _Como_ queráis.

10. ▲ Es la niña _____ lo ha roto
    ● ¡Pues va a oírme…!

## 7. Completa con *ser* o *estar*.

▲ ¿Qué día _____ la clausura del curso?
● El martes.

▲ ¡Qué día…! _____ agotada!
● Pues que descanses.

▲ ¡Taxi…! _____ libre?
● Sí, ¿adónde la llevo?

▲ ¿Dónde _____ la reunión?
● En la sala de la tercera planta.

▲ ¿A qué día _____?
● A 25 de junio.

▲ ¿Quién _____ el de la barba?
● El novio de Marisa.

▲ ¿Dónde has puesto las llaves?
● _____ en el cajón.

▲ ¿Cuánto _____, por favor?
● _____ 20 pesos.

▲ ¿Cómo _____ Luis?
● Un poco mejor, ya no tiene fiebre.

▲ ¡Qué delgada _____!
● Es el estrés.

# SE DICE ASÍ Y ASÍ SE ESCRIBE

**1.** Escucha las descripciones de estos personajes y señala a qué fotografía se refiere cada una.

 ②

 ③

 ①

**2.** Esta es la descripción que una colombiana da de Gabriel García Márquez. Toma nota de los adjetivos que utiliza.

famoso
prolífico
especial

**3.** Fíjate en esta fotografía y en el texto que la acompaña.

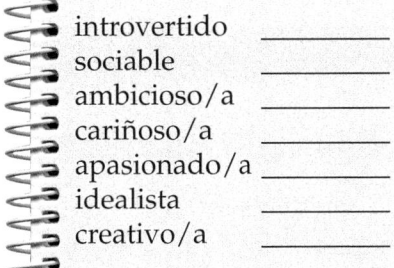

Alonso Zamora Vicente es miembro de la Real Academia Española. Es un hombre amable y tranquilo, optimista y culto. Su gran pasión es la cultura española.

**Estos adjetivos sirven para describir el carácter de las personas. Ayúdate con el diccionario y escribe el contrario.**

| introvertido _____ | estable _____ | valiente _____ |
| sociable _____ | optimista _____ | impulsivo/a _____ |
| ambicioso/a _____ | presumido/a _____ | generoso/a _____ |
| cariñoso/a _____ | discreto/a _____ | trabajador/a _____ |
| apasionado/a _____ | tranquilo/a _____ | débil _____ |
| idealista _____ | divertido/a _____ | apático/a _____ |
| creativo/a _____ | paciente _____ | seguro/a _____ |

**Ahora, piensa en alguien famoso y descríbeselo a tu compañero para que adivine de quién se trata.**

**4.** ¡Fíjate! Se ha puesto roja.

**PONERSE + ADJETIVO**   **¡QUÉ CORTE!**

# UN PASO MÁS

① Lee el siguiente texto y coméntalo con tus compañeros/as:

## EL TELETRABAJO

En el año 2007, millones de personas dirán adiós al tráfico matutino, al café de la empresa y a las prisas del jefe. Porque para entonces, esas personas se ocuparán de su trabajo desde el sillón de su casa, con el horario que ellos decidan y el ritmo que prefieran. El teletrabajo es una realidad que ya practica el 6% de la población activa mundial; sólo se necesita un ordenador, un fax y un teléfono.

¿Cuáles son las ventajas de esta forma de trabajo? Indudablemente, el trabajador es más creativo, tiene mayor flexibilidad y esto le permite desarrollar más su iniciativa. Además, ahorra tiempo en desplazamientos, y las empresas disminuyen sus gastos; sin embargo, la ausencia de contacto social con los compañeros puede ocasionar perjuicios y, quizá, trastornos en la personalidad.

Añadir vuestras opiniones y justificadlas:

| TELETRABAJO, SÍ | TELETRABAJO, NO |
|---|---|
| 1. horario flexible | 1. ausencia de contacto social |
| 2. ahorro de tiempo en desplazamientos | 2. falta de motivación |
| 3. menos gastos para la empresa | 3. saturación de líneas telefónicas |

★★★★★★★★★★★★★★★★★★★★★★★★★★★★★★

# AHORA YA PUEDO

## FUNCIONES

☐ Describir objetos.

☐ Describir lo que conozco.

☐ Describir lo que busco, deseo o no conozco.

## GRAMÁTICA

☐ Usar la estructura: V(1) + NOMBRE + V(2) + INDICATIVO / SUBJUNTIVO.

☐ Utilizar los relativos.

☐ Usar *Ser / estar*.

## VOCABULARIO

☐ Describir el carácter.

☐ Expresar estados de ánimo.

☐ Usar la estructura: *Ponerse* + adjetivo.

☐ Comunicarme en una Agencia de viajes.

☐ Comunicarme en una Agencia inmobiliaria.

## 1. Completa con indicativo o subjuntivo.

1. ▲ Creo que algunos de los problemas del Tercer Mundo se (poder) _____ resolver con un buen sistema de planificación familiar, ¿no le parece?
   ● Sí, pero…

2. ▲ ¿No crees que (poder) _____ pedir una pizza?
   ● Como (tú, querer) _____ .

3. ▲ ¿Qué te pasa?
   ● Que he descubierto que (ser, yo) _____ alérgica a la leche.

4. ▲ ¡Anda! Acabo de darme cuenta de que (olvidar, yo) _____ traerte el libro… ¡Qué cabeza tengo!
   ● ¡No pasa nada! ¡Ya me lo darás mañana!

5. ▲ Voy a pedirle el coche a papá…
   ● Haz lo que (querer, tú) _____ , pero no creo que te lo (dejar, él) _____ .

6. ▲ ¿Por qué gritas?
   ● Es que me he quedado dormida y estaba soñando que (haber) _____ un dinosaurio en la habitación y…

7. ▲ Parece cierto que (ir) _____ a subir el precio del tabaco.
   ● ¿Cuánto?

8. ▲ María no ha llamado todavía.
   ● ¡Bah! Está claro que no (querer) _____ verme.

9. ▲ ¿Qué dice?
   ● Que (estar, ella) _____ cansada y que (ir) _____ nosotros.

10. ▲ Siento mucho que no (poder, vosotros) _____ venir.
    ● ¡Otra vez será!

## 2. Completa con subjuntivo o infinitivo.

1. No soporto que la gente…
   A. _____
   B. _____
   C. _____

2. Me gusta que la gente…
   A. _____
   B. _____
   C. _____

3. Me da vergüenza…
   A. _____
   B. _____
   C. _____

4. Me extraña que los hispanos…
   A. _____
   B. _____
   C. _____

**3.** Completa con indicativo o subjuntivo.

1. ▲ Las líneas aéreas con las que (viajar, yo) _____ tienen un servicio excelente.
   ● ¿Qué compañía es?

2. ▲ No, no es ésta la casa que (ver, yo) _____ el otro día; la que (ver) _____ tenía un jardín más grande.
   ● ¿Recuerda el nombre del agente comercial que se la (enseñar) _____ ?

3. ▲ ¡No encuentro a nadie que (poder) _____ cuidar a los niños esta noche!
   ● ¿Has llamado a María?

   ▲ Sí, pero mañana tiene un examen.
   ● Pues llama a la Agencia de Canguros.

4. ▲ Necesito un traductor de ruso… ¿Conoces a alguno?
   ● Conozco a una chica que (trabajar) _____ en la Embajada. ¿Quieres que la (llamar, yo) _____ ?
   ▲ Si haces el favor…

5. ▲ ¿Has visto la revista que (traer, yo) _____ ayer?
   ● Creo que (estar) _____ debajo de la cama. ¡Mira a ver!

**4.** Completa con un relativo.

1. ▲ ¡Oye! ¿Qué tarta quieres que haga?
   ● Me da igual. Haz _____ más te apetezca.

   ▲ ¿Pongo té o café?
   ● No sé… Pon _____ quieras.

   ▲ ¿Y a qué hora les digo que vengan?
   ● Decide tú, _____ quieras.

   ▲ Una cosa más… ¡Oye…!
   ● ¿Podrías dejarme en paz? ¿No ves que estoy intentando terminar este informe?

2. ▲ ¿Quién es la profesora de Historia?
   ● _____ lleva el vestido azul.

3. ▲ ¿Qué prefieres?, ¿pizza o comida china?
   ● Pues me da igual. _____ prefieras tú.

4. ▲ El chico de _____ te hablé el otro día ha ganado el V Premio de Novela.
   ● ¡Qué bien! ¿Por qué no lo contratamos?

5. ▲ La chica con _____ vivía ha vuelto a Canadá…
   ● ¿Estás buscando a alguien que quiera compartir piso?
   ▲ Sí, si conoces a alguien _____ pueda estar interesado, dímelo.

**5.** Relaciona cada una de las expresiones del recuadro.
Si quieres, puedes relacionarlas de forma gráfica:

| **Alumno A** | **Alumno B** |
|---|---|
| **Situaciones** | **Reacciones** |
| **1.** Se ha muerto mi perro Chispi. | **A.** ¿De verdad? |
| **2.** ¿Sabes? Me ha tocado la lotería. | **B.** ¡Qué rollo! |
| **3.** La profe ha dicho que vamos a recuperar la clase el sábado. | **C.** ¡No me lo puedo creer! |
| | **D.** ¡Qué lata! |
| **4.** Han encontrado vida en Marte. | **E.** ¡Qué suerte! |
| **5.** Esta tarde tengo que ir al dentista. | **F.** ¡Cuánto lo siento! |
| **6.** ¡Me han robado el coche! | |

**6.** ¿Qué opinas sobre la llamada *caja boba*?

**Mucha televisión, mucha agresividad.**

Según un estudio realizado en España por la Asociación Española de Pediatría, los niños que ven más tiempo la televisión son los más agresivos, los que tienen más problemas para estudiar, los que tienen más dificultades para pensar, los que tienen más problemas sociales y los que están más aislados.

Da tu opinión sobre lo que acabas de leer y piensa en alternativas para que los niños reduzcan el tiempo dedicado a la televisión.

| Televisión, sí | Alternativas | Televisión, no |
|---|---|---|
| | | |
| | | |
| | | |
| | | |
| | | |
| | | |
| | | |
| | | |

**7.** Escribe los contrarios de los siguientes adjetivos:

impaciente _____     egoísta _____

inteligente _____     perezoso(a) _____

prudente _____     sensato(a) _____

aburrido(a) _____     vital _____

valiente _____     creativo(a) _____

**8.** Lee el siguiente texto y completa el recuadro:

**EL COLOR DE LA PERSONALIDAD**

El color del coche dice de su dueño, más de lo que parece. Un equipo de psicólogos británicos asegura que está directamente relacionado con la personalidad del propietario. Así, por ejemplo, los conductores más creativos e impulsivos escogen el rojo. El blanco es el color de los más metódicos; el gris, el de los sensatos y cautelosos; el azul, el de los sociables y extrovertidos; y los colores pastel indican una tendencia a la depresión.

**Color del coche**       **Personalidad**

_____       _____

_____       _____

_____       _____

_____       _____

¿Tienes coche? ¿De qué color es? Pregunta también a tus compañeros/as.

# CUANDO TENGA TIEMPO

## PRETEXTO

## DE VACACIONES

▲ Este invierno, cuando vuelva a la normalidad, me voy a organizar mejor.

● ¿Qué quieres decir?

▲ Que voy a dedicar más tiempo a las cosas que me gustan, y menos al trabajo. Que voy a correr menos, voy a salir a mis horas y no tan tarde como en los últimos meses. Que no pienso trabajar los fines de semana. En una palabra: voy a vivir más.

● **¡Bueno, bueno!** Eso suena muy bien, pero cuando llega el momento, nunca lo hacemos.

▲ **Ya verás**. Esta vez sí que lo hago.

## EN LA OFICINA

▲ ¡Hola, Alberto! ¿Qué tal? ¿Cómo estás?

● ¡Hola! ¡Qué sorpresa más agradable!

▲ **¡De veras!** Yo no sabía que vos trabajabas aquí.

● Sí, ya hace tres meses, ¿no te habías enterado?

▲ Pues no, no lo sabía, **de lo contrario** ya te habría llamado varias veces.

● Bueno, ahora ya sabés. ¿Cuándo tendrás tiempo para ir a tomar un café y charlar un poco?

▲ Cuando vos querás; llamame en estos días para coordinar el día y la hora, ¿sí?

● Claro que sí. Me encantaría.

▲ Bien, te dejo y espero que te portés bien, como siempre.

● No te preocupés, ¿vos no sabés que yo soy modelo de persona?

## MAFALDA Y SUS AMIGOS HACEN PLANES

▲ Cuando seas grande, tendrás una cadena de supermercados, Manolito.

● ¡Por supuesto!

▲ Ya te veo al frente de tu cadena de supermercados, Manolito.

● ¡¡Mi fabulosa cadena de supermercados!!

▲ Tendrás muchos empleados.

● ¡¡Cientos y cientos de empleados!!

▲ Que trabajarán felices porque pagarás buenos sueldos.

● ¡¡Pagaré estupendos sueldos!!… ¡Mirá lo que me hacés decir!

## DESPUÉS DE UNA SESIÓN DE YOGA

▲ ¡Qué buen aspecto tienes! ¿Has estado de vacaciones?

● No, chico, ¡qué va! Me he apuntado a un curso de yoga y estoy encantado.

▲ Pero, tú, ¿cuándo tienes tiempo de hacer esas cosas?

● Voy dos veces por semana, al salir del trabajo.

▲ Yo ahora **estoy muy liado** con un grupo de inspección, tengo que acompañarlos a todas partes.

● Bueno, pues cuando se vayan, tienes que intentarlo, te sentirás mucho mejor, **¡palabra!**

## A LA HORA DEL CAFÉ

▲ ¡Cómo me gustaría ser millonaria!

● ¿Millonaria? ¿Para qué? Aquí tienes un trabajo que te gusta y además está muy bien pagado, ¿para qué necesitas más dinero?

▲ Es verdad, no necesito el dinero, pero **a nadie le amarga un dulce, ¿no?** Y te voy a explicar para qué lo quiero: para dar la vuelta al mundo, para comprarme una casa en la montaña y… para que nadie me diga lo que tengo que hacer.

● Es decir, que quieres ser millonaria para lo mismo que todo el mundo.

 En **Argentina, Paraguay y otros países de Hispanoamérica** usan la forma *vos* en lugar de *tú*. **El verbo cambia** como en los diálogos: *Sabés*: sabes; *querás*: quieras; *llamame*: llámame; *portés*: portes; *preocupés*: preocupes; *mirá*: mira; *hacés*: haces.
**En España** decimos:
—**mayor,** en lugar de **grande**.
—**quedar con alguien,** en lugar de **coordinar el día y la hora.**

# CARA A CARA

**1.** Lee de nuevo los diálogos y completa con las expresiones del recuadro. Compara con lo que ha escrito tu compañero/a.

**1.** ▲ No puedo hacer ese trabajo.

● _____, es muy importante para tu carrera.

**2.** ▲ _____, tengo muchas cosas que contarte.

● _____ . Ahora no tengo mucho trabajo.

**3.** ▲ ¿Quieres que vayamos este fin de semana de excursión?

● _____

**4.** ▲ ¿Para qué quieres el crédito que has pedido al banco?

● _____ con mi familia.

**5.** ▲ ¿Cuándo tienes tiempo para ir a clase de baile?

● _____, a salir de clase.

**6.** ▲ **Llevás** una vida de locos, sin tiempo para nada. No **podés** seguir así.

● Ahora tengo muchísimo trabajo. _____, me voy a organizar mejor.

**A.** ¿Cuándo tendrás tiempo para charlar un rato?

**B.** Voy dos veces por semana.

**C.** Claro que sí, me encantaría.

**D.** Para dar la vuelta al mundo.

**E.** Cuando vuelva a la normalidad.

**F.** Llámame en estos días.

**G.** Tienes que intentarlo.

**2.** En parejas, volved a leer el *pretexto* y relacionad las siguientes expresiones:

¡Palabra!
¡Bueno, bueno!
De lo contrario...
¡Ya verás!
Estoy muy liado.
A nadie le amarga un dulce.

Tengo mucho trabajo.
No me crees, pero es verdad.
Si no...
A todos nos gustan las cosas buenas y agradables.
Te lo aseguro.
No te creo.

Y, ahora, usadlas en la siguiente conversación:

▲ Aunque _____, ya ves que siempre encuentro tiempo para charlar contigo.

● _____, eso es lo que tú dices; en realidad es que me necesitas para algo.

▲ Pero, ¡hombre! ¿Por qué no me crees?

● Porque te conozco, tú necesitas algo, _____, no me habrías llamado.

▲ Te repito que sólo quiero tomarme un café contigo, _____

● Al final querrás algo, _____.

▲ ¡Que no, hombre, que no! Que esta vez es para que tú ganes algo con un buen negocio, ¿qué te parece?

● Pues muy bien, _____.

# Funciones

## ▸▸ expresión de tiempo

**Vamos a reflexionar**

**GRUPO 1**
cuando
tan pronto como
en cuanto
mientras
hasta que

   +

**INDICATIVO (acción en pasado o presente habitual)**
▲ *¿Pudiste hablar con el director?*
● *No, porque **cuando llegué** ya se había ido.*

▲ *Yo me ducho **en cuanto me levanto**.*
● *Pues yo prefiero ducharme por la noche.*

**SUBJUNTIVO (acción de realización futura)**
▲ *¿Cuándo crees que terminará esa dichosa guerra?*
● ***Cuando** los gobernantes **se pongan** de acuerdo.*
▲ *¿Cuándo vas a tomarte unas vacaciones?*
● ***Hasta que no termine** la temporada, no creo que pueda.*

**GRUPO 2**
desde que
ahora que

   +

**INDICATIVO**
▲ *¿Cómo sigues?*
● *Bueno, **desde que me han dicho** que los análisis están bien, me encuentro mucho más tranquila.*

**GRUPO 3**
antes de
después de

   +

**INFINITIVO (sujetos iguales)**
▲ *Antes de salir, te llamaré, ¿vale?*
● *Muy bien, así sabré a qué hora llegaréis.*

**QUE + SUBJUNTIVO (sujetos diferentes)**
▲ *Antes de que empiece la película, tengo que terminar esto.*
● *Pues date prisa, porque empieza dentro de veinte minutos.*

---

*Después de que*, cuando expresa una acción en pasado puede ir seguido de indicativo o subjuntivo.
▲ *¿Dónde dieron asilo político al presidente?*
● *No lo sé exactamente, pero salió del país **después de que anunciaran / anunciaron** los resultados de las elecciones.*

---

**¡FÍJATE!**
*Al* + **INFINITIVO** = *Cuando* + **VERBO CONJUGADO**
▲ *Cuando llegue / al llegar a casa, os llamaré.*

*De* niña, joven, mayor = *Cuando* + *ser* + niña, joven, mayor
● *Cuando era niña / de niña me gustaba asar castañas en la chimenea.*

## ▸ expresar otras relaciones temporales

**Desde + día, mes, año, estación, horas**
(horas y días con artículo)

▲ *Desde el martes no he podido dormir...*

● *Pues échate una siesta, hombre.*

**Expresa el inicio de una acción.**

**Hasta + día, mes, año, estación, horas**
(horas y días con artículo)

▲ *Hasta las tres, no salgo.*

● *Pasaré a recogerte.*

**Expresa el límite final.**

**A + edad, horas, período de tiempo**

▲ *¿Llevas mucho tiempo en esta empresa?*

● *La verdad es que empecé a los 20 años.*

**Relaciona un hecho con la edad / el tiempo.**

**En + años, estaciones, épocas**

▲ *Y tú, ¿qué haces en Navidad?*

● *Normalmente voy a esquiar.*

**Sitúa acciones en espacios de tiempo.**

## ▸ expresar finalidad o propósito

*Para* + **INFINITIVO (sujetos iguales)**

*Que* + **SUBJUNTIVO (sujetos diferentes)**

▲ *¿Para qué has hecho ese plan de pensiones?*

● *Por muchas razones, pero sobre todo **para desgravar** impuestos y **para que** mis hijos **vivan tranquilos**.*

▲ *¿Cómo es que tienes tanto interés en que te toque la lotería?*

● *¡Está clarísimo! Quiero ser millonario **para dar** la vuelta al mundo y **para que** nadie me diga lo que tengo que hacer.*

**Los proyectos de futuro y los consejos están muy relacionados con la finalidad y utilizamos** *PARA cuando + subjuntivo.*

▲ *Voy a empezar a ahorrar **para cuando sea** mayor.*

● *¡Qué organizada eres!*

▲ *Tienes que aprender a hacerlo ya, **para cuando estés** solo y nadie pueda ayudarte.*

● *Si tú lo dices...*

(Si suprimimos *para*, las frases cambian de significado.)

# VAMOS A PRACTICAR

**1.** Escucha y escribe los proyectos de Susanita para su futuro. ¿Qué le parecen a Mafalda esos proyectos? Apunta también las palabras o expresiones que te parezcan argentinas.

| Proyectos | Palabras de Argentina |
|---|---|
| madre - señora | |
| comprar casa | |
| joyas | |
| carerra - | |

**2.** Escucha el siguiente texto y di si es verdadero o falso. Después, con tu compañero/a, opina sobre el problema de la falta de tiempo.

31

| | ¿Verdadero o Falso? |
|---|---|
| **1.** En vacaciones soñamos mucho porque hay más tiempo. | ✓ ☐ |
| **2.** Al regresar después del descanso, nos sentimos peor que antes. | ☐ ✓ |
| **3.** El 79% de los españoles ha acabado las vacaciones con estrés. | ☐ ☐ |
| **4.** Se debe consultar siempre con el psiquiatra. | ☐ ✓ |
| **5.** A veces también las dietas son buenas contra el estrés. | ✓ ☐ |

**3.** Contesta a las preguntas de tu compañero/a.

**Alumno A**
- ▲ ¿Qué puedo hacer cuando tengo miedo?
- ● Respuesta de B: _____
- ▲ ¿Cuándo dejarán mis padres de controlarme?
- ● Respuesta de B: _____
- ▲ ¡Coche nuevo! ¿Cuándo te lo has comprado?
- ● Respuesta de B: _____

**Alumno B**
- ▲ Tú, ¿qué sueles hacer cuando no tienes ganas de estudiar?
- ● Respuesta de A: _____
- ▲ ¿Cuándo volverás a tu país?
- ● Respuesta de A: _____
- ▲ Cuando tengo un examen me pongo muy nervioso, ¿qué puedo hacer?
- ● Respuesta de A: _____

**4.** Tienes muy malos hábitos. Explica a tu compañero/a cuáles son tus planes para cambiarlos. Usa las expresiones que has visto en la gramática.

*Cuando empiece el curso, voy a hacer más deporte, pienso fumar menos y ...*

> levantarse tarde
> ver demasiado la tele
> no sonreír nunca
> fumar
> no hacer deporte
> llegar tarde
> no leer nada
> dormir poco
> ser adicto/a al trabajo

**5.** Pon los verbos en la forma correcta. Ten cuidado: a veces hablamos del pasado; otras, del futuro o de costumbres.

**1.** ▲ ¿Qué haces cuando (sentirte) _____ agobiada?
● (Salir) _____ a dar un paseo por la playa con mi perra. ¿Y tú?
▲ ¿Yo? (Hacer) _____ deporte siempre que (poder) _____; por eso, pocas veces me siento agobiada.

**2.** ▲ ¡Anda! Cuéntame lo que te dijo.
● Es muy largo, ahora no (tener, yo) _____ tiempo. Ya te lo contaré cuando (salir, nosotros) _____.

**3.** ▲ ¿Qué sabes de Jesús?
● Que todo ha ido bien. Me llamó en cuanto (llegar, él) _____ , para decírmelo.

**4.** ▲ Yo no puedo oír la radio, ni escuchar música mientras (estudiar) _____ porque me distraigo.
● ¿Ah, no? Pues yo me concentro mejor cuando (haber) _____ algún ruido de fondo, no soporto el silencio.

**5.** ▲ ¡Qué cantidad de problemas hay en esta oficina!
● ¡Chico! Pues hasta que tú (venir) _____ todo iba de maravilla.

**6.** Haz frases según el modelo. Luego compara con las que ha hecho tu compañero/a.

*Cuando tengas poco tiempo* — organiza bien el trabajo.
— tienes que organizar bien el trabajo.

Siempre que
**Cuando**
Antes de (que)

**Tener poco tiempo,** estar aburrido, no poder concentrarse, crecer los problemas, sentirse deprimido/a ir mal las cosas, estar muy nervioso/a,

darte una buena ducha. pensar en algo positivo. desarrollar aficiones. salir más con los amigos. **organizar bien el trabajo.** hacer un descanso. reírte de ti mismo.

**7.** Haz la pregunta adecuada.

**1.** ▲ ¿_____?
● Dentro de dos semanas.

**2.** ▲ ¿_____?
Para trabajar en Hispanoamérica.

**3.** ▲ ¿_____?
● Hace tres años.

**4.** ▲ ¿_____?
● Para comprar el periódico.

**5.** ▲ ¿_____?
● Los fines de semana.

**6.** ▲ ¿_____?
● Para que me devuelvan el dinero.

**8.** En parejas, volved a leer la gramática sobre la expresión de finalidad o propósito. A veces tenéis que usar *para* y a veces, *para que*.

> *Cuando estudio, suelo descolgar el teléfono para que nadie me moleste.*

Vamos a empezar a ahorrar... _____
Me quedaré en casa todo el fin de semana... _____
En nuestro edificio tenemos un vigilante... _____
Tenemos que preparar las cosas con tiempo... _____
Me han dado este dinero... _____
Tiene que hacer más ejercicio... _____
Os voy a llevar a Córdoba... _____
Tienes que estar muy preparada... _____

**9.** Sustituye *cuando* por otra expresión de tiempo y haz las transformaciones necesarias.

de
después de que
antes de que
mientras
al
en cuanto

A Marta, *cuando* era pequeña, le daban miedo los perros; ahora es veterinaria.
Tenemos que hacer una fiesta *cuando* termine el curso.
No se puede dormir *cuando* alguien hace ruido.
Me di cuenta del error *cuando* leí el folleto.
No volvió a mirar en mis cajones *cuando* le dije que me molestaba.
Voy a irme de vacaciones *cuando* terminen las clases.

**10.** Completa con la preposición adecuada.

1. ▲ No veo a mi tía _desde_ junio del año pasado; este año iré a visitarla _en_ septiembre.
   ● ¿Y cuánto tiempo te quedarás?
   ▲ _Hasta_ finales de mes, creo.

2. ▲ Los esperé _a_ las diez y media tomando un café y después me fui.

3. ▲ _Desde_ que vivo en el sur, y voy a la playa _desde_ abril _hasta_ octubre, es una maravilla disfrutar del mar casi _en_ cualquier época del año.
   ● Sí, pero yo echaría de menos la nieve _en_ invierno.

4. ▲ Se fue de casa _a_ los 18 años, encontró un trabajo estable _a_ los 25, se casó _a_ los 30 y, _desde_ entonces, dice que ha hecho lo que quería _en_ la vida.
   ● Pues, ¡qué suerte! Poca gente puede decir lo mismo.

5. ▲ Querido diario: Anoche fui por primera vez a una verbena. Llegué _a_ las doce más o menos _____, esa hora todavía había poca gente, pero _a al_ (el) poco tiempo todo se llenó. Había mucha gente conocida y nos quedamos _hasta_ el final, porque ...._al_.... (el) día siguiente no teníamos clase.

**1.** *Eso lo haré cuando tenga más tiempo*, es una frase muy habitual. Luego, cuando llegan las vacaciones, hacemos lo mismo de siempre. A continuación te presentamos un informe de cómo viajan los españoles.

Después de leer las definiciones, ponles uno de estos calificativos:

| playero | joven | poco creativo | europeísta | poco | precavido |
|---------|-------|---------------|------------|------|-----------|
| agosteño | deportista | autónomo | culto | espléndido | casero |

El 80% de los viajes tiene a Europa como destino. Los países preferidos son Francia, Portugal y el Reino Unido.

_____

_____

Ocho de cada diez viajes se hacen en vehículo propio. De lo contrario, se prefieren el autobús, el vuelo chárter y el tren, en ese orden.

_____

_____

Los más viajeros tienen entre 25 y 44 años.

_____

_____

Las comunidades autónomas más visitadas por los turistas son Andalucía, Cataluña y la Comunidad Valenciana, por sus playas.

_____

_____

Sólo cuatro de cada diez viajes se planean con más de un mes de antelación. Además, en la mitad de ellos no se hacen reservas previas de ningún tipo.

_____

_____

El 64% de los viajeros suele alojarse en viviendas propias o en casa de familiares o amigos.

_____

_____

El 40% de los viajeros asegura que ha visitado museos y monumentos.

_____

_____

Casi la tercera parte de los que eligen viajes con alojamiento hotelero prefiere paquetes turísticos con todo organizado.

_____

_____

En viajes de más de cuatro días el español suele gastar una media de 200 euros en los destinos nacionales y 540 en los extranjeros.

_____

_____

Casi un 13% de los viajeros realiza deportes de naturaleza (piragüismo, montañismo...).

_____

Fuente: *Instituto de Estudios Turístico.*

¿Cómo te calificas tú a la hora de salir de vacaciones?
Elabora tus características y coméntalas con tu compañero/a.

# UN PASO MÁS

① ¿Eres original? Para cuando tengas tiempo, te proponemos descubrir una América del Sur distinta. Elige lo que más te guste.

### EL PERÚ MÁGICO

**Destinado a:**

Aficionados al ocultismo, la fauna y el trekking. Imprescindible: tener buena forma física.

**Atractivo:**

Viaje por el corazón de los Andes. Contemplación de una ceremonia de curanderismo, oficiada por un chamán con posibilidades de probar el alucinógeno ayahuaca.

### LOS GLACIARES DE CHILE

**Destinado a:**

Aficionados a la fotografía y a la naturaleza que quieran, además, disfrutar del lujo.

**Atractivo:**

Surcar el mar en medio de grandes masas de hielo, como el glaciar San Rafael, seguir navegando a través de canales de gran interés geográfico e histórico. Contemplación del fiordo Quitralco.

### LA VENEZUELA INDÍGENA

**Destinado a:**

Aventureros interesados en hermanar con culturas alejadas de la prisa de la sociedad actual.

**Atractivo:**

Contacto en la frontera de Venezuela y Colombia con tribus indígenas como las puinabes, curripacos y convivencia de varios días con los yanomamis.

**1. ocultismo:** prácticas misteriosas y mágicas

**2. chamán:** jefe espiritual

**3. curanderismo:** forma mágica de curar

**4. grandes masas de hielo:** grandes cantidades de hielo

En parejas, leed otra vez los textos y escribid una publicidad parecida sobre algún lugar que hayáis visitado.

★ ★ ★ ★ ★ ★ ★ ★ ★ ★ ★ ★ ★ ★ ★ ★ ★ ★ ★ ★ ★ ★ ★ ★ ★ ★ ★ ★

# AHORA YA PUEDO

### FUNCIONES

☐ Hablar del futuro en contraste con el presente (las costumbres) y el pasado.

☐ Hacer planes y proyectos.

☐ Expresar finalidad y ponerla en relación con los planes de futuro.

### GRAMÁTICA

☐ Usar *cuando* + SUBJUNTIVO en contraste con INDICATIVO.

☐ Utilizar conjunciones y marcadores temporales.

☐ Usar algunas preposiciones que indican tiempo.

☐ Manejar el uso de *para / para que..*

### VOCABULARIO

☐ Conversar de los tipos de viajeros españoles.

☐ Hablar de las particularidades de Argentina y de Uruguay.

## PRETEXTO

**Y SI...**

▲ ¿Sabes? El otro día tuvimos una discusión tremenda.

● ¿Y eso? Yo te tenía por una persona civilizada.

▲ ¡Y lo soy! Lo que pasa es que el tema era muy polémico: legalizar o no legalizar las drogas.

● ¡Claro! Ya entiendo. **El caso es que** si me preguntaran a mí, no sabría qué responder, porque hay razones a favor y en contra.

▲ Es verdad, porque si las legalizaran, no resultarían tan caras.

● Pero, por otra parte, si se legalizaran, aumentaría el consumo, ¿no crees?

▲ **Eso es.** Y por eso tuvimos esa discusión.

**PONTE EN EL LUGAR DE OTRO**

▲ ¿Te has enterado de que Marta se ha ido del trabajo?

● Sí, me lo ha contado una compañera suya. Tal vez ha encontrado algo mejor y por eso se ha ido.

▲ Quizá. Pero, ¿sabes una cosa? Si yo hubiera estado en su lugar, no me habría marchado. El trabajo de Marta era muy interesante.

● Sí, claro, pero si tú encontraras un trabajo mejor, ¿no te irías también?

## ¿LA TIERRA ESTÁ EN PELIGRO?

▲ ¿Qué te pasa? Pareces preocupada.

● Y lo estoy. Acabo de leer un informe sobre el futuro de nuestro planeta y si seguimos así, dentro de poco no habrá bastante oxígeno.

▲ ¡Mujer, no seas alarmista! ¿Cómo que no habrá bastante oxígeno?

● Pues claro, **¿no ves que** se talan árboles sin control? **Y encima,** se queman bosques enteros. Si no empezamos a cuidar el medio ambiente, el mundo se convertirá en un desierto.

## YO TAMBIÉN CRUCÉ EL RÍO GRANDE

▲ *Pos* yo hace tiempo que llegué aquí a los Estados Unidos; crucé el río Grande nadando y me *colé* por Laredo.

● ¿Y la *Migra*?

▲ Tuve suerte porque no me pilló, pero si me hubiera agarrado, no me habría *rajado*. Yo quería venir a los Estados porque aquí hay trabajo y aquí estoy. ¿Y usted?

● A mí sí que me agarró y me *aventó pa* Juárez. Pero yo me *pinté el pelo güero*, volví a entrar y aquí estoy también, compadre.

**Pos:** pues.
**Colarse:** entrar ilegalmente.
**La Migra:** el Servicio de Inmigración de los Estados Unidos.

**Rajarse:** abandonar un propósito.
**Aventar:** echar a alguien de un sitio.
**Pa:** para.
**Pintarse el pelo güero:** teñirse el pelo de rubio.

# CARA A CARA

**1.** Lee de nuevo los diálogos y completa con las expresiones del recuadro. Compara con lo que ha escrito tu compañero/a.

---

**1.** ▲ Me parece que no habrá entradas para el concierto de mañana.

● _____ A mí me aseguraron que sí, por eso no las compré antes.

**2.** ▲ ¿Lleva mucho tiempo esperando?

● Sí, _____

▲ Perdone el retraso, es que había mucho tráfico.

**3.** ▲ Ayer le dije a Pepe que tenía que adelgazar.

● ¡Qué bruto eres! _____ con más tacto, esas cosas no se dicen.

▲ _____ se enfadó y se fue.

● ¡Normal! _____ yo habría hecho lo mismo.

**4.** ▲ ¡Qué sucia está esta ciudad! _____, me iría a vivir al campo.

● ¿Al campo? ¿Y no te aburrirías allí?

**5.** ▲ ¡Estoy harto! No encuentro trabajo y no sé qué hacer

● Yo _____ al terminar mis estudios empecé a trabajar en una oficina y allí estoy todavía.

▲ Eso sí que es suerte.

**6.** ▲ _____ un anuncio que a lo mejor te interesa: Se busca experto(a) en medio ambiente y naturaleza

● Sí que me interesa, voy a escribir ahora mismo. Oye, muchas gracias por la información.

---

| | |
|---|---|
| A. | Hace tiempo que llegué. |
| B. | A lo mejor, por eso... |
| C. | Tuve suerte. |
| D. | Yo te tenía por una persona... |
| E. | Acabo de leer... |
| F. | Si hubiera estado en su lugar. |
| G. | ¿Cómo que no habrá...? |
| H. | Si pudiera elegir... |

**2.** En parejas, volved a leer el *pretexto* y relacionad las siguientes expresiones:

¿No ves que...?
Y encima...
¡Vaya pregunta!
¡Mira qué...!
Eso es.
El caso es que...

Claro, así es.
¿No te das cuanta de que...?
Hay que ver qué...
¡Qué pregunta!
Y además...
Lo cierto es que...

Y, ahora, usadlas en la siguiente conversación:

▲ Oye, ¿tú crees que los hombres tienen que preocuparse por resultar atractivos?

● _____ . Pues claro.

▲ _____ a mí los hombres demasiado guapos no me gustan, me parecen un poco presumidos.

● ¡_____ exigente! Los prefieres feos e inteligentes, _____ con dinero, ¿no?

▲ _____ Los guapos están demasiado pendientes de sí mismos.

● Chica, no te entiendo. Tú que siempre hablas de igualdad, ¿_____ es lo mismo con las mujeres?

▲ Sí, bueno, claro, pero...

# Funciones

**Vamos a reflexionar**

## ❯❯ Función: expresar condiciones

### 1) CONTEXTO PRESENTE O FUTURO

La realización se presenta como posible.

| *Si* + presente de indicativo, | presente de indicativo<br>futuro / presente de *ir a* + infinitivo<br>imperativo afirmativo o negativo |
|---|---|

*Si **todos tenemos** un poco de cuidado, **podremos** salvar los bosques.*
*Si **quieres** ser un perfecto ecologista, **escucha** estos consejos.*

### 2) CONTEXTO PRESENTE O FUTURO POCO PROBABLE

La realización de la condición se presenta como:
a) imposible
b) poco probable
*Si* + imperfecto de subjuntivo (-*ra* /-*se*), condicional simple
*Si **fuéramos** /**fuésemos** animales, cuidaríamos más la naturaleza.* (Imposible)
*Si en el futuro **usáramos** / **usásemos** menos el coche, **ahorraríamos** mucha energía.* (Poco probable)

### 3) CONTEXTO PASADO

La realización es imposible.

| *Si* + pluscuamperfecto de subjuntivo (-*ra* / -*se*), | condicional perfecto<br><br>pluscuamperfecto de subjuntivo (-*ra*) |
|---|---|

*Si yo **hubiera sido** Marta, no **me habría ido** / **me hubiera ido** del trabajo.*
*Si **hubieran estado** en la fiesta del otro día, se **habrían divertido** / se **hubieran** divertido.*

### 4) CONTEXTO PASADO + PRESENTE / FUTURO

La realización es imposible.
*Si* + pluscuamperfecto de subjuntivo (-*ra*/- *se*), condicional simple
*Si antes no **hubiéramos contaminado** tanto, el clima **no estaría cambiando** ahora.*
*Si se **hubieran** / **hubiesen cortado** menos árboles, no **habría** tantos problemas con la lluvia.*

| Detrás de *si* condicional no se usan : | – futuros y condicionales<br>– presente de subjuntivo<br>– pret. perfecto de subjuntivo |
|---|---|

**RECUERDA:**
**Para ponerse en lugar de otros, podemos decir:**
*Yo que tú / usted,*

*Yo en tu / su lugar /en tu / su caso*      + condicional simple / perfecto

# Gramática

## ▸▸ expresar causa

**EN PREGUNTAS:**

*¿Por qué* + indicativo?
Cuando preguntamos de manera neutra.

*¿Cómo es que* + indicativo?
*¿Y eso?*
Cuando preguntamos con extrañeza.

▲ *¿Cómo es que no has ido a clase?*

● *Es que no he oído el despertador.*

▲ *No voy a presentarme al examen final.*

● *¿Y eso?*

▲ *¿Por qué no quedamos para ir juntos al cine?*

● *Me encantaría, lo que pasa es que me voy esta noche de viaje.*

**EN RESPUESTAS:**

• *Porque* + indicativo.
Es la forma más neutra de contestar a una pregunta.
• *Por eso* + indicativo.
Repetimos la causa ya expresada.
• *Como* + indicativo.
Para presentar las causas, por eso siempre inicia la frase.
• *Es que* + indicativo.
Para presentar la causa como una justificación.
• *Lo que pasa es que* + indicativo.
Para presentar la causa de un problema.

● *Marta ha encontrado un trabajo mejor, por eso se ha ido.*

● *Como en este país hay trabajo, vienen muchos emigrantes.*

 Si corregimos la causa que otro ha dado, la negamos, y en ese caso aparece el SUBJUNTIVO.

| NO PORQUE NO ES QUE | + SUBJUNTIVO |

▲ *Tienes mala cara, ¿estás enferma?*

● *No es que esté enferma, no te preocupes, es que estoy muy cansada.*

▲ *He dicho que no voy, y no voy.*

● *¿Por qué? ¿Porque van ellos?*

▲ *No es porque vayan ellos, es porque no me apetece salir.*

 *Para expresar causa* también podemos usar:
*Por* + sustantivos / adjetivos / infinitivos.

*Los he ayudado por amistad, o por interés.*
*La han contratado por eficiente y trabajadora.*
*Me han echado por decir lo que pienso.*

# VAMOS A PRACTICAR

**1.**  Escucha esta entrevista radiofónica y contesta a las siguientes preguntas:

¿De qué país se trata?
_México_

¿Con quién habla el locutor?
_____

¿Qué es el plan *Hoy no circula*? _no coches_
_un día cada semana_

¿De qué problemas se habla?
_super poblacion_
_carros_
_cualidad de gasolina_

**2.**  Escucha y toma nota de las opiniones. Después, añade la tuya y coméntala con tu compañero/a.

_(34)_

| VICENTE VERDÚ | _tuviera mujeres → menos guerras_ |
|---|---|
| MAFALDA | |
| TÚ | |

**3.** Contesta a las preguntas de tu compañero/a.

**ALUMNO A**

▲ ¿Por qué te irías de un trabajo?

▲ Yo no sé qué hacer si me entra un virus en el ordenador, ¿y tú?

▲ ¿Cómo es que nunca llamas a tu familia?

**ALUMNO B**

▲ ¿Cómo es que la gente no se preocupa más por el medio ambiente?

▲ Si pudieras elegir, ¿en qué país te gustaría vivir?

▲ ¿Por qué las mujeres pocas veces son presidentas de un país?

**4.** Di a tu compañero/a qué debe hacer en estas circunstancias. Recuerda los recursos para aconsejar y dar instrucciones.

> *Si ve que los vecinos tiran basura en el jardín,* **tiene que hablar / que hable** *seriamente con ellos.*

Si ve que los vecinos tiran basura en el jardín...

Si los mismos vecinos hacen mucho ruido hasta muy tarde...,

Si no le vale la ropa que quería ponerse para la fiesta...

Si se queda sin gasolina en una carretera poco transitada...

Si se pierde en una ciudad desconocida y no conoce el idioma del país...

**5.** Convierte estas sugerencias en frases condicionales.
Te damos un modelo, pero hay otras posibilidades.

*Para aprobar hay que estudiar.    Si se quiere aprobar, hay que estudiar.*

**1.** Para mantener limpia la ciudad, todos tenemos que colaborar.

_____

**2.** A veces, para encontrar trabajo, hay que irse a otro país.

_____

**3.** ¿Quieres un mundo desierto en el futuro? ¿No? Pues no lo contamines.

_____

**4.** Lleva una vida sana y vivirás muchos años.

_____

**5.** Organiza bien tu tiempo y trabajarás mejor.

_____

**6.** ¿Quieres estar al día? Pues lee los periódicos o escucha la radio.

_____

**6.** Cuando recordamos el pasado, a veces querríamos cambiar algunas cosas. En parejas, imaginad cómo una serie de situaciones habrían podido ser.

**1.** De joven quise ser actor, pero mis padres no me dejaron.
Fue una pena, *si no hubiera hecho caso a mis padres ahora sería actor.*

**2.** Rechacé un trabajo fuera de mi ciudad y perdí la oportunidad de mi vida.
¡Qué tonto fui! _____

**3.** No saqué las entradas con tiempo y por eso no pude ir al concierto.
Soy poco precavido _____

_____

**4.** Durante el curso no habéis estudiado bastante, por eso habéis suspendido.
Hay que aprovechar el tiempo, _____

_____

**5.** No quisiste venir con nosotros de excursión. Pues nos lo pasamos fenomenal.
¡Eres un aburrido! _____

_____

**7.** Lee de nuevo la gramática y transforma cada infinitivo en el tiempo verbal adecuado.

La periodista Marta Robles cree que Marilyn Monroe se equivocó al suicidarse. Dice en un artículo aparecido en la revista *Elle:* Si yo (ser) _____ ella, no me (suicidar) _____, ni me (dejar) _____ influir como ella por las palabras bonitas de todos. Yo, en su lugar, (aprovechar) _____ las oportunidades y (aprender) _____ de mis errores. Claro que es muy fácil decir esto porque yo no (ser) _____ ella ni mi tiempo (ser) _____ el suyo. Yo creo que Marilyn era inteligente, pero no quería parecerlo, si se (atrever) _____ a mostrarse como era en realidad, (sorprender) _____ a todo el mundo, incluso a sí misma.

Ahora, ponte por un momento en el lugar de Marilyn y di cómo habrías actuado.

**8.** Explica a tu compañero/a las causas de estas situaciones:

1. ▲ ¿Por qué crees que en algunos países la gente es poco puntual?

   ● ¡Vete tú a saber!

   _____.

2. ▲ ¿No te has enterado del *overbooking* que hubo el otro día en el aeropuerto? ¿En qué mundo vives?

   ● No es eso, _____

   _____.

3. ▲ ¡Qué pronto te fuiste de la fiesta!

   ● ¡Puf! _____

   _____.

4. ▲ ¿Cómo es que nadie nos ha avisado de que no había clase?

   ● _____.

5. ▲ ¿Por qué elegirían a Martina para ese trabajo?

   ● A lo mejor _____

   _____.

6. ● Los ríos están muy contaminados por los vertidos de las fábricas.

   ● Claro, _____

   _____.

**9.** Expresa lo contrario que tu compañero/a.

1. ¿Te vas a quedar en casa sólo porque está lloviendo?

   _____

2. Paula me ha dicho que estás enfadado con ella porque no te invitó a su fiesta el otro día, ¿es verdad?

   _____

3. A veces tienes reacciones de niño: no vienes con nosotros porque también viene Pedro, ¿a qué sí?

   _____

4. A Belén le han dado el trabajo sólo porque es amiga de la directora.

   _____

5. ¿Por qué no dices lo que piensas? ¿Es que tienes miedo?

   _____

**10.** Tenemos a tu disposición la máquina del tiempo y puedes viajar hacia el pasado. Cuéntanos qué habrías hecho.

En la China imperial.

En Egipto, en tiempos de Cleopatra.

En tiempos de los vikingos.

En México, en tiempos de los aztecas.

Elige tú el período. Compara con tu compañero/a.

**1.** Hemos dicho al principio que si no nos preocupamos un poco, nuestras ciudades se convertirán en lugares insoportables.
Coloca al lado de cada dibujo el número de la recomendación que le corresponda.

**1.** Si no quiere contaminar hasta 600.000 litros de agua, deposite las pilas en los contenedores apropiados.

**4.** Si no queremos que nuestra ciudad se convierta en un basurero, no tiremos lo que no necesitamos. Hoy en día muchos productos se pueden reciclar.

**2.** Para ahorrar energía, debemos instalar, siempre que sea posible, paneles solares.

**5.** Si usted quiere la compañía de un perro, edúquelo para que no deje excrementos por todas partes.

**3.** Si utilizamos más el transporte público y conseguimos que las autoridades hagan carriles para las bicicletas, nuestra ciudad estará menos contaminada.

**6.** Ducharse en lugar de bañarse, poner la lavadora sólo cuando es necesario, arreglar los grifos que gotean..., estas son algunas medidas para ahorrar agua en un país como España, donde la sequía es tan frecuente.

> Si creemos que no sirve de nada ahorrar un poco de agua, apagar las luces, reciclar..., porque somos uno entre 6.000 millones, nunca podremos marcar la diferencia. Pero si todos lo hacemos, el mundo cambiará. (Jane Goodall)

Ahora, subraya las palabras que te parecen específicas del lenguaje de la ecología y escribe una redacción dando tu opinión sobre el medio ambiente.

# UN PASO MÁS

(1) Por supuesto que conoces el Amazonas, pero ¿sabías que últimamente ha crecido? Lee el siguiente texto y sabrás cómo.

Dos científicos del Instituto Nacional de Investigaciones Nacionales de Sao Paulo han descubierto que el Amazonas es más largo de lo que dicen los libros. Hasta ahora su longitud era de 6.500 km, pero, **tras**[1] veinte años de estudios, estos dos expertos han llegado a la conclusión de que el gran río americano nace más de 500 km antes de lo que se creía, exactamente entre los montes Kcachuich y Mismi, en los Andes peruanos.

Se **han valido** de[2] fotografías aéreas y de satélite y han comparado **los sedimentos**[3] del cauce bajo del Amazonas con los de estas fuentes de los Andes peruanos.

Los dos brasileños le han dado al Amazonas el único título que le faltaba al calcular su longitud en 7.100 km, un récord que hasta ahora **ostentaba**[4] el Nilo con 6.670 km.

> ¿Qué crees que significan las expresiones numeradas?
>
> (1) después de / detrás de
> (2) han comprado / se han servido de
> (3) las piedras del fondo / las aguas del fondo
> (4) cabía en / tenía

## Lee el texto otra vez y haz un resumen de su contenido.

(2) Aquí tienes otras descripciones de ríos. ¿En qué se diferencian unas de otras? ¿Hablan del mismo tipo de ríos?

El alto Tajo no es una suave corriente
entre colinas, sino un río bravo que se
ha labrado a la fuerza un desfiladero en
la roca viva de la alta meseta.

*El río que nos lleva.* José Luis Sampedro.

Nuestras vidas son los ríos
que van a dar a la mar
que es el morir.
Allí van los señoríos
derechos **a se acabar** (= a acabarse)
y consumir.

*Coplas a la muerte de su padre.* Jorge Manrique.

★ ★ ★ ★ ★ ★ ★ ★ ★ ★ ★ ★ ★ ★ ★ ★ ★ ★ ★ ★ ★ ★ ★ ★ ★ ★

# AHORA YA PUEDO

## FUNCIONES

- ☐ Expresar condiciones posibles e imposibles.
- ☐ Expresar causa y justificación.
- ☐ Corregir.
- ☐ Ponerme en lugar de otro.

## GRAMÁTICA

- ☐ Usar frases condicionales con *si* + INDICATIVO / SUBJUNTIVO.
- ☐ Diferenciar formas gramaticales para la expresión de la causa.
- ☐ Usar la causa negativa: *no porque / no es que* + SUBJUNTIVO.

## VOCABULARIO

- ☐ Conversar acerca del cuidado de nuestras ciudades.
- ☐ Identificar variantes mexicanas.

# unidad 11 ¡OTRA VEZ LOS ANUNCIOS!

## PRETEXTO

1. ¿Ves la televisión mientras desayunas, comes o cenas?
   - **a)** A veces.
   - **b)** Casi siempre.
   - **c)** Nunca.

2. ¿Retrasas tu hora de acostarte por ver la televisión?
   - **a)** Nunca.
   - **b)** Alguna vez.
   - **c)** Con frecuencia.

3. ¿Eres aficionado a los *reality shows*?
   - **a)** No.
   - **b)** A veces, los veo.
   - **c)** Sí.

4. Estás viendo un programa que realmente te gusta y llega una visita inesperada.
   - **a)** Sigues viendo la televisión.
   - **b)** Charlas con ellos mientras ves el programa.
   - **c)** Apagas el televisor.

5. ¿Tienes una opinión negativa de la gente que pasa mucho tiempo viendo la televisión?
   - **a)** Depende.
   - **b)** No.
   - **c)** Sí.

6. ¿Sueles pasar las tardes de los fines de semana viendo la televisión?
   - **a)** Sí.
   - **b)** Sólo si me encuentro mal, hace mal tiempo o no tengo otra cosa que hacer.
   - **c)** No, me sentiría fatal.

7. ¿Cómo te sientes si se te estropea el televisor y tardan una semana en arreglarla?
   - **a)** Me da igual, apenas la veo.
   - **b)** Alquilas o pides prestado otro aparato.
   - **c)** Vas a casa de un amigo o familiar para ver algún programa en el que tienes mucho interés.

8. Cuando estás solo/a en casa, ¿acostumbras a tener el televisor encendido aunque no estés viendo nada en concreto?
   - **a)** No.
   - **b)** A veces.
   - **c)** Sí, me siento más acompañado.

9. ¿Ver la televisión te quita tiempo que podrías dedicar a otras actividades?
   - **a)** Alguna vez.
   - **b)** Con frecuencia.
   - **c)** No.

10. ¿Cuándo ves la televisión?
    - **a)** Cuando estoy en casa casi siempre.
    - **b)** Cuando hay un programa que realmente me interesa.
    - **c)** Nunca o casi nunca.

### Valoración

| | 1 | 2 | 3 | 4 | 5 | 6 | 7 | 8 | 9 | 10 |
|---|---|---|---|---|---|---|---|---|---|---|
| **a** | 2 | 1 | 1 | 3 | 2 | 3 | 1 | 1 | 2 | 3 |
| **b** | 3 | 2 | 2 | 2 | 3 | 2 | 2 | 2 | 3 | 2 |
| **c** | 1 | 3 | 3 | 1 | 1 | 1 | 3 | 3 | 1 | 1 |

### Resultados

Entre 10 y 15 puntos: selectivo y razonable.

Entre 10 y 15 puntos: selectivo y razonable.

Entre 20 y 30 puntos: teleadicto

35

## PUBLICIDAD Y MANIPULACIÓN

▲ Tú que siempre **te metías** con la publicidad, si no hubiera sido por un anuncio, no habrías encontrado ese trabajo. ¿Qué dices ahora?

● ¡Hombre! No compares, no es lo mismo.

▲ ¿Cómo que no? En el fondo es lo mismo.

● Mira, lo que a mí no me gusta es que nos manipulen. Por ejemplo, aunque sólo un 12% de los españoles necesita una dieta de verdad, casi todos nos ponemos a pasar hambre como tontos en algún momento. Y esto acabo de leerlo, no me lo invento.

▲ Bueno, vale, pero aunque tengas razón, debes reconocer que tiene su lado útil.

## PUBLICIDAD Y MARCAS

▲ ¿Creéis que la publicidad nos influye?

● A mí no, desde luego. Yo no me fijo en los anuncios.

▲ Pues yo creo que nos afecta a todos, aunque no nos demos cuenta.

● Es verdad. Y si no, sólo hay que ver lo que pasa con las marcas.

▲ Eso. ¿O es que tú no llevas nada de marca?

● Bueno, si, ¡claro! Los pantalones son de marca.

▲ Ves… Y es que digas lo que digas, te tienen pillado.

## PUBLICIDAD Y SOLIDARIDAD

▲ Yo no sé por qué la gente critica tanto la publicidad. También tiene su lado positivo.

● ¿Ah, sí? ¿Cuál?

▲ Las campañas en favor de los países del Tercer Mundo o contra la droga son también publicidad, ¿no?

● De acuerdo, pero yo no hablo de eso, sino del bombardeo diario con los coches, detergentes…, todo ese rollo.

▲ Entonces, ¿cómo quieres que las empresas vendan sus productos? Además, la publicidad también informa.

● Será muy informativa, pero a mí **me pone de los nervios.**

## PUBLICIDAD Y TELEVISIÓN

▲ **¡Pero bueno!** ¡Otra vez los anuncios! **¿Es que no hay manera de** ver una película sin que la corten veinte veces?

● Aquí, no. Los espectadores no pagamos por ver la tele; por lo tanto, las cadenas ponen anuncios.

▲ Pues no sé si me acostumbraré a tantos cortes.

● Entonces tendrás que abonarte a un canal de pago.

▲ O dejar de ver la tele.

## PUBLICIDAD E INFORMACIÓN

▲ Yo creo que la publicidad es algo tremendamente creativo y, sin embargo, todo el mundo la critica.

● **No te pases,** todo el mundo, no. Pero, claro, nos bombardean con marcas, con viajes, con bancos…; total, que no sabes qué hacer cuando tienes que decidirte por algo.

▲ Pero eso pasa porque hay demasiada información, no porque la publicidad sea mala.

● El caso es que vayas donde vayas, te encuentras un anuncio de Coca-Cola, ¿o no?

**120**
ciento veinte

**1.** Lee de nuevo los diálogos y completa con las expresiones del recuadro. Compara con lo que ha escrito tu compañero/a.

1. ▲ Hace dos meses que no veo la tele y es algo que todo el mundo debería hacer por higiene mental.

   ● Pues yo no creo que tengas mucho éxito con tu idea, la gente no puede vivir sin televisión _____.
   Además sirve para estar informados.

   ▲ _____
   yo prefiero un buen libro y el periódico.

2. ▲ Quiero ver las películas sin que las corten con anuncios.

   ● _____

3. ▲ Aquí, en España, hay muchísima publicidad durante los programas, ¿no te parece?

● Claro, es que
_____ hay que sacar dinero de los anuncios.

4. ▲ No soporto a Marcos, es un presumido que se cree que lo sabe todo.

   ● ¡Pobre chico! Yo creo que exageras, porque _____ que también es muy brillante.

   ▲ A lo mejor sí, pero a mí **me cae gordo**, y ya está.

5. ▲ El mundo es por todas partes igual _____ las mismas cosas, ya no existe la diferencia.

   ● Ya empiezas tú con tus cosas. Claro que existe la diferencia, sólo hay que saber buscarla.

> **A.** El caso es que vayas donde vayas, te encuentras...
> **B.** Entonces tendrás que abonarte a un canal de pago.
> **C.** Digas lo que digas...
> **D.** Aunque tengas razón, debes reconocer...
> **E.** Será muy informativa, pero...
> **F.** No pagamos por ver la tele, por lo tanto...

 **Me cae gordo:** me cae mal, no me resulta simpático.

**2.** En parejas, leer el *pretexto* y relacionad las siguientes expresiones:

| | |
|---|---|
| 1 Desde luego. | No exageres. |
| 2 Meterse con algo/alguien. | No gustar, poner/se nervioso/a. |
| 3 No te pases. | No tener salida. |
| 4 Poner de los nervios. | Criticar algo/alguien. |
| 5 Tener pillado (a alguien). | Por supuesto. |
| 6 Todo ese rollo. | ¡Pero bueno! |

Y, ahora, reaccionad a los comentarios usándolas.

1. ▲ ¿Vas a irte de vacaciones?

   ● _____, si no, no podría seguir trabajando.

2. ▲ ¿Qué te pasa con Beatriz?

   ● Que _____ con sus historias, no la aguanto.

3. ▲ Son unos maleducados, unos groseros.

   ● _____, que los hay peores.

4. ▲ ¿Por qué no te vas del trabajo, si tan mal te sientes?

   ● Es que me _____ no puedo irme.

5. ▲ Tienes que leerte esto.

   ● ¿_____? ¡Pero si es muchísimo!

6. ▲ ¿Por qué no te hablas con Paco?

   ● Porque siempre _____ y con lo que hago.

**Vamos a reflexionar**

## ▸▸ expresar concesión

### Aunque + INDICATIVO

- Tenemos experiencia de los hechos de los que hablamos.
- Queremos informar de ellos.

*Aunque sólo un 12% de los españoles **necesita** una dieta de verdad, la mayoría se pone a hacer una en algún momento de su vida.*

### Aunque + SUBJUNTIVO

a) • No tenemos experiencia de los hechos de los que hablamos.
- Son desconocidos.
- No estamos seguros de lo que decimos.

*Yo creo que la publicidad nos afecta a todos, **aunque no nos demos cuenta.***

b) • Hablamos de información compartida por todos.
- Usamos el subjuntivo para quitar importancia a ese hecho.

▲ *Oye, yo soy española, sé de lo que hablo.*

● ***Aunque seas española,** estás equivocada.*

### Para contrastar o limitar las expectativas lógicas creadas por una información, usamos:

| | |
|---|---|
| *Pero* | *Sino* |
| • Información: *Martina es extranjera.* | • Sirve para **corregir** completamente una negación anterior. |
| • Expectativa lógica: *No habla español.* | *No he dicho que Martina sea nativa, **sino que habla como una nativa.*** |
| • Contraste: ***Pero habla como una nativa.*** | |
| *Sin embargo* | |
| • Tiene el mismo valor. | **No confundamos** *sino* **con** *si no* **condicional.** |
| • Se usa en registros más cultos. | |
| • Va seguido de pausa. | *Tienes que practicar más; si no, nunca hablarás bien.* |
| *Martina es extranjera y, **sin embargo,** habla como una nativa.* | |

**¡FÍJATE!**

**A. Frase en futuro, +** *pero* **+ frase =** *aunque*

– *Este pantalón es una ganga.*
– ***Será** muy barato, **pero** no pienso comprarlo. = **Aunque** sea muy barato, no pienso comprarlo.*

**B.**

| V(I) en subjuntivo presente / imperfecto | + | como<br>donde<br>quien<br>cuando<br>lo que | + | V(I) en subjuntivo presente / imperfecto |
|---|---|---|---|---|

– ***Diga lo que diga,** no le escuches. = **Aunque** sea interesante lo que diga,...*
– ***Llame quien llame,** no estoy. = **Aunque** llame alguien importante,...*

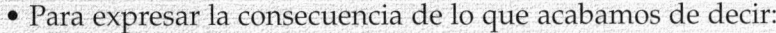

# Gramática

## ▸▸ expresar consecuencia

• Para expresar la consecuencia de lo que acabamos de decir:

**Así (es que)**
**Entonces** + indicativo

*No sabes de qué estamos hablando, **así que** es mejor que te calles.*

• Para insistir en la *relación* causa-efecto:

**Por lo tanto + indicativo**

*El dólar ha subido, **por lo tanto** la gasolina está más cara.*

• Cuando interrumpimos un relato, una enumeración, introducimos la consecuencia con:

**Total, que + indicativo**

*Llegamos tarde, había mucha gente y una cola enorme para entrar; **total, que** nos fuimos a tomar algo y a dar un paseo.*

## ▸▸ algunas preposiciones

*Ante*
**Delante de**
*Ante una situación tan difícil, hay que ser prudentes.*
**En presencia de**
*Aunque no es tímido, se pone nervioso **ante** la gente.*
**Ante todo**
*Ante todo, pensemos bien lo que vamos a hacer.*

*Bajo*
**Debajo de**
*Se escondió **bajo** la mesa.*
**Idea de dependencia**
*Todo está **bajo** control.*
*Está **bajo** los efectos de un calmante.*

*Sobre*
**Encima de**
*Todo está ahí, **sobre** tu mesa.*
**Tiempo aproximado**
*Llegaremos a Málaga **sobre** las 11 h.*
**Tema**
*Acabo de leer un libro **sobre** los faraones.*

*Entre*
**En medio de**
*Encontré las fotos **entre** los libros.*
**Colaboración**
*Lo haremos **entre** todos.*

*Con*
**Compañía; relación**
*Me gusta salir **con** mis amigos.*
*Hay que ponerse de acuerdo **con** todos para los cambios.*
**Contenido**
*Les enviaré un fax **con** los detalles del viaje.*
**Encuentro; choque**
*Nos encontramos **con** ellos en México.*
*Espero que no tropiecen **con** los problemas típicos.*

*Sin*
**Ausencia de algún elemento**
*No se puede resistir este frío **sin** calefacción.*
*No compres nada **sin** informarte antes.*
**En las despedidas de las cartas**
*Sin otro particular / Sin más, nos despedimos atentamente.*
**Sin que + subjuntivo**
*¡Es increíble! He trabajado toda la mañana **sin que** suene el teléfono.*

# VAMOS A PRACTICAR

**1.** 🔊 Escucha las opiniones de María Rodríguez, presidenta de una asociación de consumidores, sobre la publicidad que aparece en las películas y series de televisión. Después, toma notas y contesta con tus propias palabras.

1. ▲ ¿Qué opina su organización de esta publicidad conocida como *product placement*?

● Dice que _____

▲ ¿Dónde suelen encontrar más a menu-do esta publicidad?

● _____

2. ▲ ¿Qué hacen ustedes contra ello?

● Opina que _____

**2.** En primer lugar, transforma el infinitivo en la forma correcta.

1. El 75% de las mujeres españolas se encuentran gordas aunque médicamente sólo lo (estar) _____ el 25%.

2. Aunque Evita (tener) _____ mucho más poder social e influencia política, nunca (llegar) _____ a la presidencia. Sin embargo, María Estela Martínez (Isabelita) (ser) _____ la primera mujer presidenta de Argentina y del mundo, al sustituir a su marido, Juan Domingo Perón, cuando éste murió.

3. Los jóvenes **se dejan llevar por** las modas, aunque éstas les (perjudicar) _____ .

4. Aunque esta gente nunca (hacer) _____ nada importante, **sale en las revistas** casi cada semana; me pregunto por qué será.

5. Hay un tipo de jóvenes que se preocupa por los demás, aunque se (hablar) _____ más de los otros, de los que **no hacen gran cosa** con sus vidas.

Y ahora, comenta con tu compañero/a si estas frases tienen alguna relación con la influencia de la publicidad.

**3.** ¿Cuál te parece la consecuencia lógica de las afirmaciones de tu compañero/a? Usa los recursos que has visto en la gramática.

*Me he gastado el dinero que tenía antes de tiempo.* **Por lo tanto, no puedo ir con vosotros de excursión.**

| Alumno A | Alumno B |
|---|---|
| 1. Me he gastado el dinero que tenía antes de lo previsto. Consecuencias: _____ | 1. Este invierno ha llovido más que otros años. Consecuencias: _____ |
| 2. Nos quedamos sin gasolina en medio del campo. Consecuencias: _____ | 2. Hacía mucho calor, había demasiada gente, no encontrábamos aparcamiento... Consecuencias: _____ |
| 3. En casa no tenemos televisión. Consecuencias: _____ | 3. He leído que en estos días habrá quince millones de coches en las carreteras. Consecuencias: _____ |

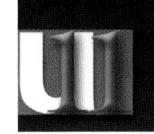

**4.** Te proponemos estas ideas con las razones por las que nos parecen buenas o malas. Coméntalas usando *aunque* o futuro + *pero*.

> *Aunque quite tiempo, a mí me relaja verla.* / *Quitará tiempo, pero a mí me relaja verla.*

1. Ver mucho la televisión atonta y quita tiempo para hacer cosas más interesantes.

   _____

2. Leer demasiado aísla de la realidad.

   _____

3. Estudiar la gramática de un idioma complica mucho las cosas a la hora de hablar.

   _____

4. No seguir las modas te hace **parecer un bicho raro**.

   _____

5. La publicidad no sirve para nada y, además, nos manipula.

   _____

**5.** Fíjate en estas expresiones. ¿Qué crees que significan? Intenta completar estos diálogos usándolas sin consultar el diccionario y sin preguntar a tu profesor/a.

| | | |
|---|---|---|
| dejarse llevar por | parecer / ser un bicho raro | antes de lo previsto |
| atontar | salir en las revistas | no hacer gran cosa |

1. ▲ Trabajar tantas horas con el ordenador _____

   ● Entonces trabaja menos tiempo seguido.

2. ▲ Si _____ las opiniones de los demás, no vivirás tu propia vida.

   ● ¿Y cómo haces tú para no escucharlas?

3. ▲ ¿Por qué estás de tan mal humor?

   ● Es que he estado tres o cuatro horas delante del libro, pero _____ ,

   no podía concentrarme.

4. ▲ Cuando digo a la gente que no fumo ni bebo alcohol, me miran con una cara…

   ● Normal, chica, es que les _____, ¿o tú conoces a mucha gente así?

5. ▲ Creo que terminaré el trabajo _____

   ● ¡Qué bien! Así tendrás unos días de descanso.

6. ▲ Me gustaría saber qué hay que hacer para _____

   ● A veces nada, sólo tener unos padres famosos.

## 6. Completa:

**aunque**

**pero**

**sin embargo**

**sino**

**si no**

¿Has oído hablar de las *bebidas inteligentes?* Por supuesto que sí, _____ es que vives fuera del mundo. Hace apenas diez años que llegaron a Europa, _____ ya ha invadido las discotecas y gimnasios, **haciendo furor** entre los amantes de productos naturistas, las personas estresadas, los deportistas, los que quieren energía extra.... Normalmente saben a naranja, limón, y otras frutas, por eso parecen inofensivas. _____ no son recomendables para los niños, ni para las embarazadas. _____ parece que aumentan la lucidez mental y vencen el sueño, hay que tomarlas **con moderación,** no porque supongan un peligro para la salud, _____ porque se sabe todavía muy poco sobre ellas.

**Ahora, elige la opción más adecuada al contexto.**

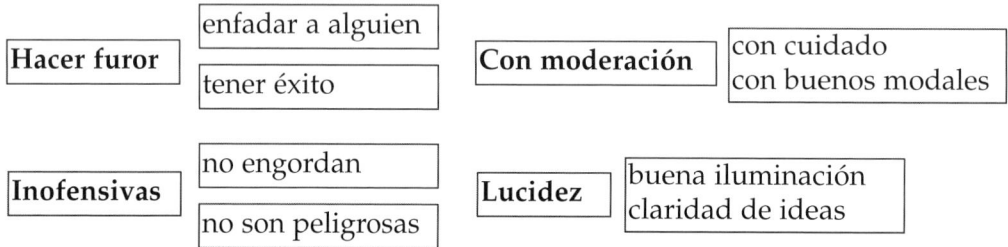

| **Hacer furor** | enfadar a alguien |
| | tener éxito |

| **Con moderación** | con cuidado |
| | con buenos modales |

| **Inofensivas** | no engordan |
| | no son peligrosas |

| **Lucidez** | buena iluminación |
| | claridad de ideas |

## 7. Elige la preposición correcta.

1. Me encuentro *(ante / bajo)* un problema que no sé cómo resolver.
2. No puedo decidir cuando me encuentro *(bajo / sobre)* presión, necesito tiempo.
3. No se puede discutir *(con / sobre)* ese tipo, tiene un carácter insoportable.
4. Lo haremos *(entre / sin)* todos, será más fácil si repartimos el trabajo.
5. *(Ante / entre)* esa gente me siento incómoda, tengo la impresión de que me juzgan.
6. *(Con / sin)* vuestra ayuda lo haré mejor, no necesito a nadie.

## 8. Estos minidiálogos se nos han descolocado. ¿Podéis emparejarlos de forma que tengan sentido?

1. ▲ Al principio a todos les pareció muy bien la idea de ir de acampada, luego empezaron a poner excusas, a decir que en esa época hacía mucho frío en la sierra...

2. ▲ Estoy harta de esos chicos; la próxima vez que me llamen para ir a algún sitio, les digo que estoy enferma.

3. ▲ ¡Qué pesado es Antonio! Cuando empieza a hablar, no hay quien le calle.

4. ▲ El próximo fin de semana empezamos las obras en la casa y vamos a estar liados casi dos semanas.

5. ▲ Tengo que llamar a mi padre para pedirle dinero prestado y no me apetece nada.

A. ● Pues, **aunque** no te apetezca, tendrás que hacerlo.

B. ● **Entonces,** ¿no vais a venir con nosotros a la feria?

C. ● **Será pesado,** pero es una gran persona, vamos, digo yo.

D. ● **Total que** al final nadie quiso ir con vosotros, ¿no?

E. ● **Digas lo que digas,** no vas a dejar de salir con ellos.

# SE DICE ASÍ Y ASÍ SE ESCRIBE

**1.** Diversos estudios sociológicos demuestran que clasificamos a una persona en función de lo que consume. Aquí tienes algunas marcas y lo que sugieren.

En pequeños grupos, haced vuestras asociaciones, explicando el porqué.

| | |
|---|---|
| BENETTON | amante de los motores |
| LEVI'S | la solidaridad elegante |
| ADIDAS | un paso adelante |
| SWATCH | ese azul objeto de deseo |
| COCA COLA | ya eres mayor |
| PEPSI | un ser hecho a sí mismo |
| SCHWEPPES | producto nacional |
| MERCEDES | desenfreno juvenil |
| FORD | igualdad embotellada |
| SEAT | un ser original |

LA MUJER EN LA PUBLICIDAD

**2.** Os proponemos ahora un pequeño juego.

Tenéis que lanzar un producto. Primero tenéis que decidir qué producto queréis lanzar y ponerle una *marca*. Luego, tenéis que elegir un *logotipo;* una *mascota;* un *eslogan publicitario* y unos *patrocinadores.* Después haréis una presentación en clase y votaréis el mejor.

Aquí os damos algunos ejemplos de todo ello:

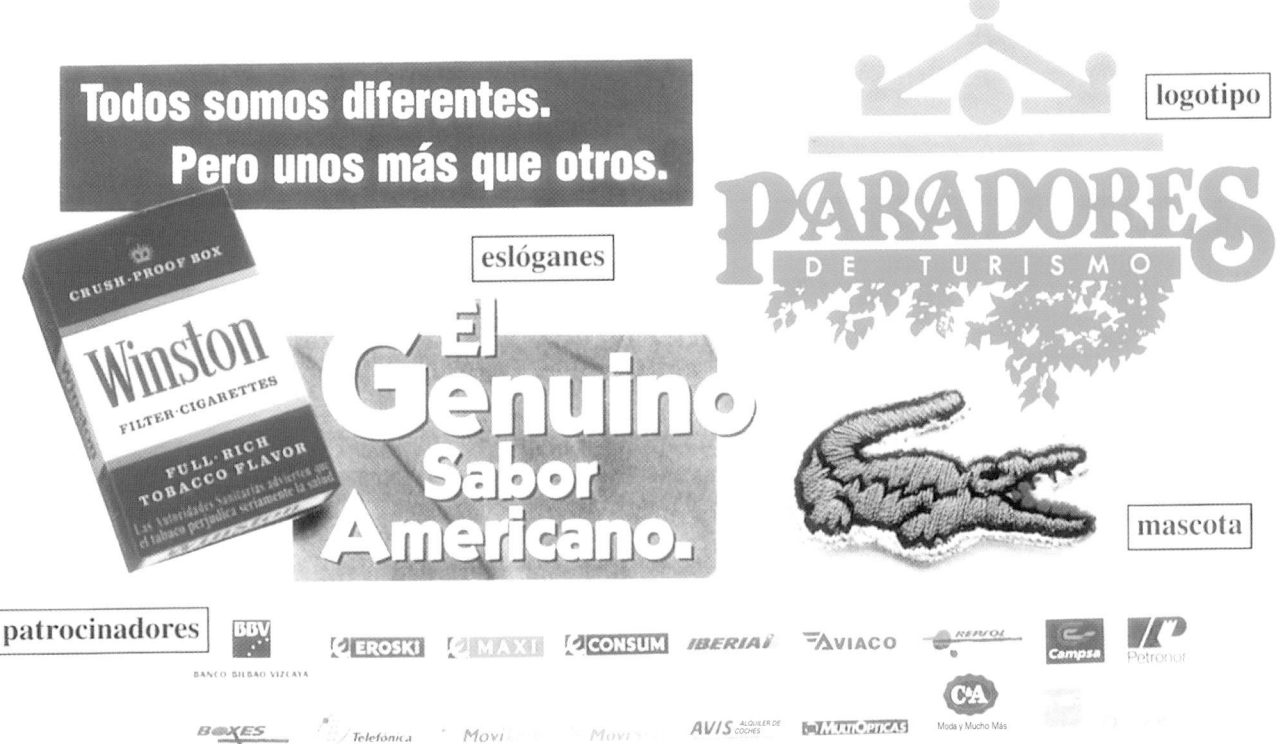

# UN PASO MÁS

**1** Hagamos ahora publicidad retrospectiva. ¿Conoces un alga llamada spirulina? Lee el siguiente texto y sabrás algo sobre su origen y su historia.

Actualmente, la spirulina es usada por deportistas, por personas con problemas nutricionales o bien como complemento en dietas de adelgazamiento. Pero su historia se remonta a los tiempos de los aztecas. Ellos la llamaban *tecuitlatl* y era esencial para la salud y la alimentación de esta cultura. Hernán Cortés no dio importancia a este tipo de producto autóctono y mandó secar el lago Texcoco para cultivar allí otros productos.

Los cronistas del Descubrimiento hablan de este alimento en sus escritos y dicen que los aztecas comían *tecuitlatl* como los españoles el queso; añaden que hacían tortas que después tostaban. Parece que las probaron porque dicen que tenían sabor a sal. Hoy día se ha vuelto a cultivar la spirulina en el lago Texcoco aunque en cantidades mucho menores.

---

## Busca en el texto sinónimos de estas ideas:

*ser importante para*     *descubrir un misterio*     *llegar hasta una época*     *regímenes para perder peso*     *producir*

---

**Hablemos ahora de un producto mucho más conocido y agradable, pero de origen precolombino también: el chocolate.**

Fueron los mayas los que tuvieron las primeras plantaciones de cacao en Yucatán. Los aztecas fueron los primeros en atribuir a las semillas del *cacahoatl* virtudes sagradas y beneficiosas. Según cuenta la leyenda, el dios Quetzaltcoatl –la serpiente emplumada– dio el cacao a los hombres contra el hambre y la sed y para curar sus enfermedades. También servía para infundir la ciencia universal. Los reyes bebían el *xocolatl* (*xococ* = amargo y *alt* = agua) en vasos de oro que luego se tiraban al río.

Los aztecas llamaron al árbol del cacao *el árbol más bello del paraíso* y lo adoraban porque pensaban que tenía origen divino.

Y fue Hernán Cortés quien trajo el cacao a España y así se extendió por Europa.

### Después de leer los dos textos, contesta a las siguientes preguntas y haz un resumen de ambos.

1. ¿Qué diferencias hay entre la spirulina y el cacao?
2. ¿Servían –y sirven– para lo mismo ambos productos?
3. ¿Cómo se usan hoy día los dos alimentos?
4. ¿Cuál es el origen de cada uno?

★★★★★★★★★★★★★★★★★★★★★★★★★★★★

# AHORA YA PUEDO

**FUNCIONES**

☐ Expresar concesión.

☐ Expresar consecuencia.

☐ Contrastar y corregir afirmaciones.

**GRAMÁTICA**

☐ Utilizar: *Aunque* + INDICATIVO / SUBJUNTIVO.

☐ Usar otras expresiones de concesión: futuro + *pero*; reduplicadas.

☐ Usar conjunciones consecutivas.

☐ Usar las expresiones: *Pero, sin embargo / sino*.

☐ Utilizar las preposiciones.

**VOCABULARIO**

☐ Conversar acerca de los aztecas y sus remedios: las algas y el cacao.

# A MÍ ME LO CONTARON

## PRETEXTO

➲ | **¡ME HAN OFRECIDO UN TRABAJO!**

▲ ¡Rosa! ¡Cuánto me alegro de verte! ¿Cómo estás?

● Como unas Pascuas. Fíjate que terminé la carrera en junio y me han ofrecido un trabajo para empezar en octubre. Me van a hacer un contrato por tres años. No está mal, ¿eh?

▲ ¿Qué dices? ¡Es genial! ¿Y dónde vas a trabajar?

● En una empresa de exportación, así que tendré que traducir un montón de documentos.

▲ Pues me alegro muchísimo, espero que te vaya muy bien.

● La verdad, yo también. ¡Vamos a tomar algo para celebrarlo!

↻ | **POR TELÉFONO**

▲ ¿Sí? ¿Dígame?

● Hola, buenas tardes, Pepe, soy Victoria.

▲ No soy Pepe, soy su hijo.

● Perdona, es que tenéis la voz igualita, ¿está tu padre?

▲ No, no está. ¿Quieres que le diga algo?

● Sí, por favor, que si tiene en casa *Nuevo Español sin fronteras*, que lo necesito y que... Bueno, mejor que me llame. Oye, que no se te pase decírselo, ¿eh? Y gracias.

▲ De nada, adiós.

○ | **¿QUÉ TE CONTÓ?**

▲ ¿Sabes? Hace unos días me encontré con Rosa. ¡Qué suerte tiene!

● ¿Por qué lo dices? ¿Qué te contó?

▲ Que había terminado la carrera en junio...

● Sí, pero eso ya lo sabíamos, Rosa siempre ha sido un poco empollona.

▲ **Ya, ya,** pero lo de la suerte lo digo porque me contó que le habían ofrecido trabajo en una empresa de exportación, que el contrato era por tres años y, para más suerte todavía, va a trabajar en lo suyo: en traducción.

● Bueno, ¡hombre! No lo digas así. ¿Qué pasa, que te da envidia?

▲ **¡Anda ya!** ¿Cómo me va a dar envidia si Rosa es una de mis mejores amigas?

## AYER TE LLAMARON POR TELÉFONO

▲ Papá, anoche no te vi, ¿Has leído la nota que dejé en tu mesa?

● No, hijo, todavía no. ¿Qué dice?

▲ Que ayer te llamó Victoria para preguntar si tenías aquí *Nuevo Español sin fronteras* porque lo necesitaba. Al final dijo que sería mejor que la llamaras tú.

● Muy bien, ¿nada más?

▲ No, bueno, lo de siempre: comentó, como todo el mundo, que teníamos la voz igualita.

## EL OTRO DÍA LLEGÓ UNA POSTAL

▲ Mariano, se me olvidó decirte que el otro día llegó una postal de Concha.

● Nunca me cuentas nada. ¿Y qué decía?

▲ **No seas gruñón**, ¿no te lo estoy contando ahora? Decía que no podría venir las dos semanas que nos había prometido, por lo de siempre, que tenía mucho trabajo y que cuando le dieran no sé qué vacaciones, vendría a finales de año.

● **¡Qué se le va a hacer!** Esta chica trabaja demasiado.

QUERIDA TÍA:

¿Cómo estáis Mariano y tú? Yo, como siempre, **a tope de trabajo**, por eso no sé si podré quedarme allí todo el tiempo que había prometido pasar con vosotros.

De todas formas iré, al menos un fin de semana y quizá pueda estar algo más, pero ahora mismo no lo sé. Espero que lo comprendáis. Ya tendremos ocasión, cuando me den a finales de año unas vacaciones que me deben en la oficina.

Un beso muy fuerte para los dos y hasta pronto.

Concha.

# CARA A CARA

**1.** Lee de nuevo los diálogos y completa con las expresiones del recuadro. Compara con lo que ha escrito tu compañero/a.

1. ▲ ¡Qué suerte tiene Martina! Ha encontrado un trabajo que le gusta y, además, bien pagado.

   ● _____

   ● ¡Qué dices! Me alegro mucho por ella.

2. ▲ Martina, me han dicho que has encontrado el trabajo de tu vida, ¿no?

   ● ¡No hay que exagerar! Pero estoy contenta. Al principio _____ pero luego me ocuparé de una sección más creativa y me atrae más.

3. ▲ Hace mucho que no tenemos noticias de Martina, ¿verdad?

   ● ¡Ah! ¡Qué cabeza tengo! _____

   ▲ ¿Y qué decía?

   ● Que _____

▲ Hay que hablar con ella, porque si no descansa un poco, se va a poner enferma.

   *(En el contestador del teléfono)*

   ● ¡Hola! Soy Martina. Llamo para deciros que llegaré a finales de mes para pasar unos días con vosotros _____

5. ▲ ¿Es que los de tu oficina no pueden vivir sin ti? Anoche te llamó Marta y quería no sé qué de unos presupuestos.

   ● Pero, ¿qué quería exactamente?

   ▲ ¡Ay, hija! Yo no entendía muy bien y _____ al móvil.

A. Se me olvidó decirte que el otro día llegó una postal.
B. Un beso muy fuerte para los dos y hasta pronto.
C. ¿Qué pasa, que te da envidia?
D. Tendré que traducir un montón de documentos.
E. Cuando le dieran no sé qué vacaciones, vendría.
F. Al final dijo que sería mejor que la llamaras tú.

**2.** En parejas, volved a leer el *pretexto* y relacionad las siguientes expresiones:

Como unas Pascuas.
¡Qué se le va a hacer!
Ya, ya.
¡Es genial!
¡Anda ya!
A tope.

¡Es estupendo!
No, en absoluto.
Muy contento/a.
Sí, ya lo sé.
Muchísimo.
No podemos hacer nada.

Y, ahora, completa los diálogos.

1. ▲ ¿Te ha molestado que no venga Sara?
   ● _____ me da igual, no sé por qué lo dices.
2. ▲ ¡Me han tocado cinco millones en la lotería!
   ● _____ . Invitarás a algo, ¿no?
3. ▲ Este año no podremos salir de vacaciones
   ● _____, otro año será.
4. ▲ Estamos _____ de alumnos.
   ● _____ , me lo has dicho cien veces.
5. ▲ Me he encontrado con Rocío y está _____ porque tiene trabajo para este verano.
   ● Chica, pues me alegro, ¿tú, no?

**Vamos a reflexionar**

» estilo indirecto

### VERBO INTRODUCTOR EN PASADO

- Si te refieres a algo escrito, una postal, una carta, un periódico, etcétera, el verbo introductor suele estar en *imperfecto*.

   ▲ *Se me olvidó decirte que el otro día llegó **una postal** de Emmy.*

   ● *¿Y qué **decía**?*

   ▲ *Que lo estaba pasando muy bien en Rusia y que volvería en octubre.*

Al cambiar de tiempo y lugar hay otros elementos de la frase que también hay que transformar, además de los tiempos verbales.

| | | | |
|---|---|---|---|
| Aquí | ahí/allí | mañana | al día siguiente |
| este | ese/aquel | por ahora | hasta entonces |
| hoy | ese/a/aquel día | dentro de | al cabo de/después de dos días/después |
| ahora | entonces | pasado mañana | al día siguiente |
| ayer | el día anterior | venir | ir |
| ir | venir | traer | llevar |
| llevar | traer | | |

Si lo que repite otra persona sigue siendo válido, no es necesario cambiar los tiempos de la primera frase.

RUSIA

*Queridas amigas:*
*Rusia **es** una maravilla,*
*he visitado un montón de*
*sitios y he pensado mucho*
*en vosotras porque este país*
***está lleno** de lugares*
*preciosos que deberíais*
*conocer.*
   *Un beso muy fuerte para*
*las dos.*

   *Emmy*

## ▸▸ transformaciones verbales y pronominales

| ¿Qué dijo / decía / había dicho? | Dijo / decía / había dicho que... |
|---|---|
| **Frase en presente de indicativo o subjuntivo. Imperativo.**<br>Les **agradecemos** una vez más **su** amabilidad.<br>Es importante que **sepamos** con tiempo el día de su llegada.<br>En caso de duda, **llamen** por favor al número adjunto. | **Imperfecto de indicativo o subjuntivo.**<br><br>(que) **nos agradecía** nuestra amabilidad.<br><br>(que) **era** importante que **supieran** con tiempo el día de nuestra llegada.<br>(que) **llamáramos** por teléfono si teníamos dudas sobre la cuenta que nos adjuntan. |
| **Frase en futuro simple o perfecto.**<br>Dile a Paco **que lo llamaré** más tarde. | **Condicional simple o perfecto.**<br>(que) **te llamaría** más tarde. |
| **Frase en pretérito perfecto de indicativo o subjuntivo.**<br>En **vuestra** casa lo **hemos pasado** estupendamente.<br>**Nos** parece increíble que no **haya llegado** todavía la carta que enviamos hace dos meses. | **Pluscuamperfecto de indicativo o subjuntivo.**<br>(que) **aquí** (en nuestra casa) lo **habían pasado** estupendamente.<br>(que) **les** parecía increíble que no **hubiera llegado** la carta que enviaron hace / hacía dos meses. |
| **Frase en pretérito indefinido.**<br>**Enviamos** la reserva hace tres semanas. | **Pluscuamperfecto o no cambia.**<br>(que) **habían enviado** / **enviaron** la reserva **hacía** / **hace** tres semanas. |
| **Frases en imperfecto, condicional y pluscuamperfecto.**<br>Todo **era** como **me lo imaginaba**<br>Aunque **habían pagado** quince días, se fueron una semana antes.<br>**Me gustaría** escapar de aquí a un lugar más tranquilo. | **No cambian.**<br><br>(que) todo **era** como se **lo imaginaba**.<br>(que) aunque **habían pagado** quince días, se fueron una semana antes.<br>(que) **le gustaría** escapar de allí a un lugar más tranquilo. |

U12

---

• **Cuando quieres mostrar que no estás seguro/a de lo que dices, puedes usar expresiones como:**

Por lo visto...    ▲ **Por lo visto,** va a subir el precio de la gasolina.
Según dicen...
Al parecer...    ● ¿Otra vez?

**1.** Escucha la entrevista que le hizo Soledad Alameda en agosto de 1997 a Álvaro Mutis, escritor colombiano, premio Príncipe de Asturias de las Letras en 1997, y resúmela poniéndola en estilo indirecto.

**2.** Citas. Los famosos se hacen famosos por muchas razones y luego, lo que dicen, a veces, pasa a la historia. Aquí tienes una serie de citas que tú tienes que transmitir de manera indirecta.

**1.** Alfredo Landa, actor español: *Los españoles no tenemos ningún sentido del humor, sino un sentido trágico de la risa. En vez de* **quitarle aristas a la vida,** *le añadimos unas cuantas.*

A. L., dijo una vez que _____

_____

**2.** Iván de la Peña, futbolista: *No ha sido fácil llegar hasta dónde he llegado porque el sacrificio ha sido grande, pero* **ha valido la pena.** *No me arrepiento de nada.*

¿Por qué diría I. P. que _____

_____ ?

**3.** Margaret Thatcher, política británica: *Tengo una extraordinaria paciencia, siempre que al final consiga* **salirme con la mía.**

Leí que M. T. había dicho que _____

_____

**4.** Eduardo de Filipo, dramaturgo italiano: *No me importa que la gente llegue tarde al teatro. Lo que no*

*puedo aceptar es que se vayan antes de terminar el tercer acto.*

E. de F. dijo una cosa un poco rara para mí, que

_____

**5.** Isabel Lledó, directora de finanzas y planificación de IBM: *Tengo miedo* **de que el trabajo me absorba tanto** *que me quede sin amigos y sin conversación.*

I. Ll. dijo que _____

**6.** Mary Corelli, escritora inglesa: *Nunca me casé porque no tenía necesidad de hacerlo. Tengo tres animales domésticos que cumplen la misma función que un marido: un perro que gruñe por la mañana, un loro que suelta palabrotas por la tarde y un gato que llega a casa muy tarde por la noche.*

A M. C. no parecía gustarle el matrimonio porque dijo que _____

_____

Comentad entre vosotros/as estas frases y, si estáis inspirados, podéis inventar otras sobre el mismo tema.

**3.** A partir del contexto de las frases, ¿cómo explicarías lo que va en negrita?

**Quitarle aristas a la vida** _____

**Ha valido la pena** _____

**Salirme con la mía** _____

**El trabajo me absorbe tanto** _____

**4.** Y ahora volvamos a la gente común. Aquí tienes frases que se cuentan unos amigos a otros. Haz las transformaciones necesarias.

**1.** *Estoy locamente enamorado de ti; por mí, podemos casarnos mañana.*

**Al día siguiente.**

▲ ¿Sabes? Ayer, por fin, se me declaró Juan.

● ¿Y qué te dijo?

▲ Que _____

**2.** *No te entiendo, si yo estuviera en tu lugar, no aceptaría un trabajo así.*

**Días después:**

▲ ¿Sabes lo que me dijo el presumido de Miguel?

● Cualquier cosa, viniendo de él...

▲ Pues que _____

**3.** *Sería para mí un honor invitarte a cenar. Me encantaría.*

**Otro día**

▲ La semana pasada Antonio me invitó a cenar, pero lo mejor fue cómo me lo dijo.

● ¿Cómo fue?

▲ ¡Fíjate! Me dijo que _____

**4.** *Otra vez estamos en la Feria de abril y no sé bailar sevillanas; este invierno me apunto a una academia.*

**Ya en invierno.**

▲ ¿Que tal llevas las sevillanas?

● ¿Qué sevillanas?

▲ ¿Pero no dijiste en abril que _____?

**5.** *No me esperéis para comer porque llegaré con retraso.*

**Al día siguiente.**

▲ ¿Cómo es que Piedad no ha venido todavía?

● Ayer dijo que _____

**6.** *Me tenéis harta con lo del fútbol, ¿es que no sabéis hablar de otra cosa?*

**Unos días después.**

▲ Mis compañeros siempre me están contando los partidos que ven en la tele; el otro día no aguanté más.

● ¿Qué les dijiste?

▲ Pues que _____

**5.** Noticias. Aquí te damos una serie de noticias que tu compañero/a no conoce. Cuéntaselas.

**Alumno A**
*Dos jóvenes, uno de 25 años y otro de 20, asesinan cruelmente a un hombre de 52 años mientras hacían realidad un juego de rol, que habían planeado cuidadosamente. La acusación pide para ellos treinta años de cárcel.*
**¿Leíste el otro día la noticia de que dos jóvenes**
_____?

**Alumno B**
*El escritor colombiano, Premio Nobel de literatura, Gabriel García Márquez, defendió en el Congreso de Zacatecas (México) en abril de 1997, la supresión de algunas de las normas de ortografía para que éstas no asfixien a la lengua y a los hablantes.*
**¿Sabías que García Márquez dijo que** _____
_____?

**Alumno A**
*Moshe Alamaro, del Instituto Tecnológico de Massachusetts, ha propuesto el lanzamiento de árboles desde aviones como solución al problema de la deforestación del suelo. Cada árbol estaría enraizado en un cono biodegradable y sería soltado a 300 km/h La primera gran prueba está programada para finales del 97.*
**Leí en el *Quo* de septiembre que** _____
_____

**Alumno B**
*Todo el país habla de ello: la Infanta Cristina de España y el jugador de balonmano Iñaki Urdangarín se han casado. Aunque Iñaki es de origen vasco, como nos indica su nombre, ambos viven y trabajan en Barcelona, ciudad en la que celebraron la boda y donde seguirán viviendo.*
**¿No lo leíste? Pues todos los periódicos traían la noticia de que** _____
_____

**6.** Vuestra jefa se ha ido una semana a Brasil para hacer negocios, pero llama a la oficina todos los días para saber qué pasó el día anterior y para que le contéis todos los mensajes que le dejaron las personas que llamaron. Elaborad los mensajes de lunes a viernes y hablad con la jefa al día siguiente siguiendo la ficha modelo:

**Fecha:**

Notas y comentarios del día: _____
_____

Mensajes: _____

Conversación con la jefa

# SE DICE ASÍ Y ASÍ SE ESCRIBE

**1.** Cuando transmitimos las palabras de otros, podemos usar otros verbos, además de *decir*. Aquí tenéis algunos. Escuchad las conversaciones y completad lo que falta con uno de estos verbos, de acuerdo con el sentido de la frase.

**ASEGURAR:**
afirmar algo.

**CONTAR:**
transmitir un suceso

**COMENTAR:**
valorar lo que se dice.

**EXPLICAR:**
aclarar algo

**PEDIR:**
hacer una petición.

**PREGUNTAR:**
hacer preguntas.

**PROPONER:**
hacer una propuesta.

**1. Unos días después.**

▲ ¡Hola, Piedad! ¿Cómo estás?

● Bien, como siempre.

▲ ¿A que no sabes a quién **vi** el otro día?... ¡¡A Miguel!! Y me _____ que _____

**2. Al día siguiente.**

▲ Ayer tuvimos entre nosotros al Ministro de Fomento, que tranquilizó a los malagueños y _____ que _____

**3. Otro día.**

▲ Ayer vino el jefe a hablar conmigo y me _____ cómo _____ y yo le _____ que _____

● No sé si lo habrás tranquilizado con eso.

**4. El viernes.**

▲ ¿Sandra no ha venido? ¿Es que nadie la ha invitado?

● Sí, claro, la llamé yo, pero me _____ que justamente hoy _____ y por eso no _____

**5. Otro día en casa de Sam.**

▲ Las vecinas me _____ que me _____ unos días, pero ya llevan fuera casi un mes. Me parece que **tienen mucha cara.**

**6. A los tres días.**

▲ ¿Qué hacen aquí estas motos?

● Es que los del apartamento 303 me _____ si _____ y yo les dije que sí, que _____

**7. Al día siguiente.**

▲ ¿Por qué **estás** tan **cabreada**?

● Porque el otro día la directora me _____ que _____ y yo ya no **doy abasto.**

**2.** Estas expresiones coloquiales aparecen en los diálogos anteriores. Relaciona una columna con otra y sabrás su significado.

| | |
|---|---|
| **no dar abasto** | ser menos importante de lo que cree otra persona. |
| **tener mucha cara** | no tener tiempo para hacer todo lo que hay que hacer. |
| **no ser para tanto** | estar enfadado/a. |
| **estar cabreado/a** | ser muy atrevido/a, ser un sinvergüenza. |

# UN PASO MÁS

**(1)** Lo contaron los periódicos. Aquí tienes un artículo en el diario *El País* del 8 de abril de 1997.

## CAMILO JOSÉ CELA Y GABRIEL GARCÍA MÁRQUEZ ATACAN A AQUELLOS QUE QUIEREN CONSTREÑIR EL IDIOMA.

**Dos premios Nobel de Literatura defendieron, en el Congreso de Zacatecas, México, el hecho de que la lengua española siga su camino. Ellos son partidarios de que los hablantes vayan dando forma al idioma.**

El Primer Congreso Internacional de la Lengua Española se abrió con unas provocadoras palabras de García Márquez, el cual sugirió: «Jubilemos la ortografía, terror del ser humano desde la cuna». Su discurso estuvo lleno de propuestas que alarmaron a demasiada gente. El Rey Juan Carlos puso una nota de equilibrio en una discusión centrada en si se debe eliminar la ***h*** o si hay que suprimir la ***b*** y la ***v*** o la ***g*** y la ***j.*** Don Juan Carlos habló de la comunidad hispa-nohablante, la cual debe enfrentarse a dos retos de futuro: la terminología y los sistemas educativos.

Como anécdota de este Congreso, debemos mencionar a los niños que esperaban a los asistentes a la puerta del Palacio de San Agustín y que les preguntaban alarmados: *¿Es cierto que nos quieren quitar las palabras?*

Texto adaptado, *El País*, 1997.

**Después de leer atentamente el texto, señala:**

Los verbos que introducen las palabras de otros.

Las ideas centrales del texto.

**Explica:**

– Si tu opinión está más cerca de un idioma con reglas de protección, o de un idioma en absoluta libertad.

– Si hay mucha diferencia en tu propia lengua entre el habla coloquial y la lengua culta.

★★★★★★★★★★★★★★★★★★★★★★★★★★★★

# AHORA YA PUEDO

**FUNCIONES**

☐ Transmitir las palabras de otros y lo escrito por otros con cambio de tiempo y lugar.

☐ Mostrar inseguridad en la transmisión de un mensaje.

**GRAMÁTICA**

☐ Usar el estilo indirecto con el verbo introductor en pasado.

☐ Transformar los tiempos verbales.

**VOCABULARIO**

☐ Manejar sinónimos de *decir*.

**1.** Escucha y completa la ficha con los datos necesarios.

| LA RISA ES BUENA | MALA | ¿POR QUÉ? |
|---|---|---|
| La risa _____ la respiración, | ...el corazón y los lazos afectivos, | _____ la circulación. |

**2.** Completa con *antes de / antes de que; después de / después de que; cuando; hasta / hasta que; para / para que.*
Después, contesta a Renate como si fueras Carmen.

Viena, 19 de abril de 1998.

Querida Carmen:

_____ un año larguísimo con mucho trabajo, te escribo _____ darte noticias mías y _____ no te olvides de que tienes una amiga aquí, que escribe poco, es verdad, pero se acuerda de ti. El tiempo vuela y _____ me pase otra vez, me pongo a contarte un poco de mis planes. ¿Sabes? No sé si voy al Congreso de septiembre, _____ ahora no lo he decidido. Estoy tan cansada que no tengo ganas de nada. ¿Y tú? ¿Qué vas a hacer? A lo mejor, _____ pasen unos días y descanse un poco, me animo, pero ahora...

Bueno, _____ lo tenga más claro, te escribiré o te llamaré.

Este año no salgo de vacaciones, me quedo en casa. ¿Te vas tú, como siempre, a Santander? Escríbeme _____ irte, que luego ya se sabe, en vacaciones, no hay tiempo para nada. ¿Vale? Y nada más por hoy.

Un beso muy fuerte de

*Renate.*

**3.** Haz frases usando *para* + infinitivo o *para que* + subjuntivo con los elementos dados.
*Para que no te roben el coche, tienes que instalar un buen sistema de alarma.*

| | | |
|---|---|---|
| El español | estar buena | llamar después de las diez de la noche. |
| El sol | ser un éxito | prepararlo todo con tiempo. |
| Una tortilla de patatas | mejorar | usar un buen bronceador. |
| La factura del teléfono | **robar** | hablar mucho con los españoles. |
| **El coche** | pagar menos | **instalar un buen sistema de alarma.** |
| La sangría | no quemarse | hacerla unas horas antes. |
| Las vacaciones | hacer daño | usar la cantidad necesaria de aceite. |

## 4. Contesta a estas preguntas:

1. ¿Para qué quieres otro televisor?
_____

2. ¿Cuándo se acabará el hambre en el mundo?
_____

3. ¿Cuándo vas a ponerte a buscar trabajo en serio?
_____

4. ¿De verdad te sirve la agenda para algo?
_____

5. ¿Qué haces cuando tienes mucho tiempo libre?
_____

6. ¿Para cuándo esperas terminar la tesis?
_____

7. ¿Te gustaría tener una varita mágica? ¿Para qué? _____
_____

8. ¿Para qué son esas pastillas que tomas?
_____

9. ¿Cuándo has quedado con ellos y para qué?
_____

10. No comprendo para qué haces tantas fotos.
_____

## 5. Completa con a / *en* / *desde* / *hasta*:

1. ▲ ¿Sabes? Estoy trabajando en un restaurante de la playa _____ junio y tengo contrato _____ finales de septiembre.
   ● Me alegro mucho por ti, porque yo, _____ ahora, no he encontrado nada.

2. ▲ ¿Has visto a Miguel?
   ● No, no lo he visto, ¿qué le pasa?
   ▲ Que está en la calle: llegó a la oficina _____ las 9 h. y _____ las 10 h. lo habían despedido. El pobre está hecho polvo.

3. ▲ Vivo en un pueblo muy tranquilo, pero _____ verano se convierte en un infierno de ruido, gente, ¡un asco! Por eso, yo me largo _____ los primeros días de julio y no vuelvo _____ octubre.

4. ▲ Tengo que tomar algo, porque no he comido _____ mediodía y ahora estoy muerto de hambre.
   ● ¡Hombre! Espérate _____ la hora de la cena.

5. ▲ Siempre le proponen los trabajos interesantes a ese inepto, yo podría hacerlo _____ menos tiempo.
   ● Habla con tu jefa y díselo. Ahora está reunida, pero saldrá _____ eso de las 11 h.

## 6. Imaginemos situaciones imposibles.

1. Miguel Induráin no ganó la Vuelta a España en 1996 porque se retiró antes de terminarla.
   **Si no** _____

2. Los dinosaurios desaparecieron hace millones de años porque no se adaptaron a los cambios.
   **Si** _____

3. Imagina por un momento que eres un mago y puedes realizar tres deseos, elígelos.
   **Si** _____

4. Hoy día todavía no existe igualdad para todos, por eso pasan cosas injustas.
   **Si** _____

5. Supón que tenemos que emigrar a otro planeta y tienes que llevarte algo, elige tres cosas.
   **Si** _____

**7.** Situaciones con varias posibilidades. Primero elige la respuesta correcta y luego compara con la que ha elegido tu compañero/a.

**1.** Ves a dos chicas brindando y te imaginas que lo hacen (**por** / **para**) el éxito de los exámenes o (**para que** / **porque**) han ganado un premio a la lotería.

**2.** Harías una foto desde la ventanilla de un avión (**para** / **por**) la curiosidad de un paisaje diferente o (**porque** / **para que**) tus amigos vean dónde has estado.

**3.** Imagina una foto de una tumbona en la playa: cuando la ves piensas que alguien la ha hecho (**por** / **para**) lo bonita que es la tela, (**para** / **por**) error mientras manipulaba la máquina o (**para** / **por**) recordar algo especial.

**4.** Ves a un niño llorando en la playa e imaginas que es (**porque** / **para que**) se ha perdido o (**porque** / **para que**) le compren un helado.

**5.** Alguien tiene un mapa abierto sobre su mesa y tú imaginas que lo necesita (**para** / **por**) preparar un viaje o (**para** / **por**) motivos de trabajo.

**8.** Corrige a tu compañero/a.

1. ▲ Parece que tú estudias sólo porque quieres sacar buena nota.

   ● ¡No, hombre! _____ sino porque _____

2. ▲ Ayer no fuiste a la fiesta de bienvenida, ¿es que no te gustan las fiestas?

   ● No _____ es que _____

3. ▲ Si no llamas a tu familia, van a creer que los has olvidado.

   ● No es _____ sino que _____

**9.** Completa con indicativo o subjuntivo.

1. ▲ ¿Cómo está Francisco?

   ● Bien, aunque todavía no (tener) _____ muy claro lo que quiere estudiar al terminar COU.

2. ▲ Estoy harto del mes de agosto, hay demasiada gente por todas partes.

   ● (Haber) _____ mucha gente, pero todo el mundo tiene derecho a vacaciones, ¿no?

3. ▲ Aunque hoy día el sueldo de un trabajador español medio (ser) _____ más o menos de 1.000 euros, todavía hay diferencias entre hombres y mujeres o entre el norte y el sur.

4. ▲ Tengo que contarte algo, pero no tengo prisa, no es urgente.

   ● (Ser) _____ lo que (ser) _____ me interesa, así que (ir, nosotros) _____ a tomar un café y charlar un rato.

5. ▲ Aunque no (saber, nosotros) _____ cómo será el futuro, los expertos ya nos anuncian algunas cosas que podemos esperar de él.

**10.** Escucha el mensaje que un oyente de Onda Cero ha dejado en el contestador de la emisora para *Temas de actualidad*. Luego, contesta a las preguntas:

¿Quién habla?  _____

¿Cuál es el tema de su mensaje?  _____

¿Para qué llama?  _____

¿Estás de acuerdo con su opinión?  _____

¿Por qué?  _____

**11.** Lee estas noticias que hemos adaptado un poco, aparecidas en la revista *Quo*. Pero, antes, completa con las palabras que te damos para que tengan sentido. Algunas aparecen dos veces.

**Más listos que el hambre.**

por eso
después de
ante
pero
para
sin embargo
sin

_____ un trozo de queso ningún ratón se resiste, _____ este alimento es usado _____ las tradicionales trampas conocidas como ratoneras. _____ cuando tenemos hambre no existen dificultades. Prueba de ello son los estudios hechos en Alemania y relacionados con el comportamiento de los ratones _____ una ratonera. Resumiendo mucho, diremos que _____ algún tiempo, los roedores habían aprendido a coger el queso _____ caer en la trampa. Esta habilidad demuestra, una vez más, la increíble capacidad de aprendizaje de estos animalitos, la cual les ha permitido adaptarse a cualquier medio, _____ siempre en relación con el ser humano. _____ tranquilidad de los defensores de los derechos de los animales, aclaramos que las trampas usadas no eran mortales.

por lo tanto
con
sobre
cuando
aunque
entonces
pero
bajo

**1.** - El estadounidense John Anderson, que estuvo _____ el agua cuatro minutos y veinte segundos batió el récord que logró el mago Houdini _____ cuatro minutos y dieciséis segundos.

**2.** - Reírse, dicen los expertos, es algo muy sano, _____ ría todos los días y su salud se lo agradecerá.

**3.** - Y, siguiendo con el tema de la risa, se ha observado que, _____ tiene efectos tan beneficiosos, la gente ríe menos cuanto más avanzada es la cultura.

**4.** - ¿Tiene usted un jefe incompetente? _____ también tiene problemas, _____ puede aprender a resolverlos.

**5.** - _____ los malos jefes hay mucho que decir; _____ lo mejor es hablar _____ él o pedir un traslado _____ los enfrentamientos son insoportables.

# Textos grabados

Textos grabados

Textos

grabados

## UNIDAD 1

### VAMOS A PRACTICAR

**1. Escucha esta conversación telefónica entre dos panameños:**

– ¡**Aló!** con Teresa, por favor.

– Un momento. ¿De parte de quién?

– Dígale que es Marco. (...)

– ¡Hola Marco! ¿Cómo estás? ¿Qué me cuentas de ese viaje por el viejo continente?

– Fue fabuloso. Sabes que es una experiencia inolvidable, jamás vivida por nadie. ¡Oye! ¿Y **qué hay de ti**? ¿Y cómo anda tu familia?

– Bueno, la familia, bastante bien, gracias. Y mis otros asuntos en proceso de realización unos, y otros, en camino. Yo **estoy bastante agresiva** en el campo profesional. Trabajo en las tardes y las noches. Es la única forma de lograr una vida mejor, tú sabes.

– ¿Me lo dices o me lo preguntas? Bien sabes cómo ando yo, de aquí para allá, sin descanso, pero es necesario.

– ¡Oye! ¿Qué tal si nos vemos a las doce del día en el Capo's Bar?

– Está bien. Allí nos veremos.

– O.K.

**2. Completa con la información que escuches.**

1. (Ring, ring...)

– El teléfono móvil marcado no se encuentra operativo en estos momentos. Si quiere puede dejar un mensaje en el buzón de voz. Piiiiiiii...

– ¡Hola Fernando! Soy Isabel. He comprado entradas para ir al teatro el sábado. La obra es a las siete. Si llamas y comunica mi teléfono, es que estoy conectada a Internet. ¡Hasta luego!

2. (Ring, ring...)

– Este es el contestador automático del 6 50 14 55. Ahora no podemos atenderte. Si quieres dejar un mensaje, hazlo cuando suene la señal. Piiiiiiii...

– Hola, soy Nehia, una alumna tuya del curso de doctorado. Llamo para recordarte que el próximo lunes no habrá clase porque tenemos un seminario de informática. Hasta dentro de una semana. Adiós.

### SE DICE ASÍ Y ASÍ SE ESCRIBE

**2. Vas a escuchar información sobre la prensa en el mundo hispánico. Después, relaciona los nombres de los periódicos de mayor difusión en el mundo hispano con los de los países correspondientes:**

En todos los países del mundo hispánico hay varios periódicos de difusión nacional: normalmente cada uno de ellos corresponde a una tendencia política, al menos, en los países democráticos, donde no hay censura y los informadores pueden, incluso, expresar su opinión sobre la actualidad. En España hay varios periódicos importantes: El *País*, El *Mundo*, *Diario 16* y *ABC*. Este último es el más conservador. De todos ellos, el más vendido es *El País*: sin embargo los lunes, la gente prefiere comprar la prensa deportiva para enterarse de los últimos resultados de las competiciones deportivas, sobre todo los hombres.

En Argentina hay dos periódicos importantes: *Clarín* y *La Nación*. Ambos se editan en la capital, Buenos Aires. En México es muy popular el diario Excelsior y en Venezuela, El Universal, de Caracas.

## UNIDAD 2

### VAMOS A PRACTICAR

**1. Escucha los comentarios de esta mexicana después de tres semanas de estancia en Madrid.**

Es que esta ciudad es tan **linda**, porque... ¿Sabes? Yo he viajado mucho por todo el mundo, pero **nunca más antes** había estado en España. Y la gente... La gente es muy **bonita**. Es verdad que hay muchos **carros** por todas partes, y que los españoles **manejan** como locos, pero yo siempre **tomaba el metro** y llegaba a todas partes sin problemas...

### SE DICE ASÍ Y ASÍ SE ESCRIBE

**2. El año pasado Jesús hizo un viaje por España y se alojó en algunos Paradores Nacionales. Señala en el mapa cuáles visitó.**

– El año pasado estuviste en España, ¿verdad?

– Sí, alquilé un coche y recorrí el norte del país...

– ¿Galicia?

– Sí, Galicia, Cantabria y el País Vasco.

– ¿Y qué tal?

– Muy bien, me gustó mucho. Primero fui a San Sebastián. Estuve tres días en el País Vasco y me alojé en el Parador de Fuenterrabía, un pueblo pequeño y muy bonito: después, fui a Santander, donde hay una famosa universidad para extranjeros, la Universidad Internacional Menéndez Pelayo, y visité todos los pueblos de la zona. Finalmente me quedé algunos días en el Parador de Santillana del Mar.

– ¿Estuviste en Oviedo?

– No, sólo de paso. Bueno, y luego fui a Santiago de Compostela. Como no había habitaciones libres en el Parador, me quedé en un hotel y después fui a la provincia de Pontevedra: allí me alojé en el Parador de Tuy, en la frontera con Portugal.

## UNIDAD 3

### VAMOS A PRACTICAR

**1. Señala lo que corresponda de acuerdo con las conversaciones que vas a escuchar.**

1. – Tengo que reservar unos billetes de tren. ¿Tienes a mano el teléfono de la Central de Reservas de RENFE?

   – No sé... Mira a ver si está en mi agenda.

   – ¿Y dónde está tu agenda?

   – En el cajón de la mesa de mi despacho.

   – Sí, aquí está... 3 28 90 20. Voy a llamar ahora mismo.

2. – Voy a comprar entradas para el partido de fútbol del sábado. Vienes, ¿no?

   – No, no saques entrada para mí, no creo que pueda ir, tengo muchísimo trabajo, pero gracias, ¿eh?

3. – ¿Te pongo café?

   – No, déjalo, tengo que irme ya. Han convocado la reunión para las tres y ya son menos cinco. ¡Hasta luego!

4. – ¡Oye! Te cojo los libros...

   – No, no te los lleves, que los necesito.

**2. Pon los imperativos que escuches en su correspondiente forma negativa y haz las transformaciones que sean necesarias.**

   1. Ponme azúcar.

2. Oye, dile a Juan lo que te he dicho.

3. Llévate el periódico si quieres, que ya lo he leído.

4. Recuerda llamar a Cristina. Hoy es su cumpleaños.

5. Siéntate ahí.

6. Pon aquí tus cosas.

7. Riega las plantas todos los días. ¡No te olvides!

8. Aparca ahí.

9. Pide un taxi, por favor.

10. Abre la ventana un poco, por favor.

# UNIDAD 4

### VAMOS A PRACTICAR

**1. Di la forma correspondiente del presente de subjuntivo de los verbos que escuches.**

| | | |
|---|---|---|
| 1. PODER | 6. TENER | 11. DORMIR |
| 2. SALIR | 7. PONER | 12. ENCONTRAR |
| 3. VENIR | 8. LEER | 13. TOCAR |
| 4. IR | 9. DAR | 14. DEJAR |
| 5. TENER | 10. VOLVER | 15. PENSAR |

**2. Reacciona ante las situaciones siguientes manifestando tu indiferencia. Recuerda las estructuras y expresiones que has aprendido.**

1. ¡Oye! Voy a ir al vídeo–club. ¿Qué tipo de película te apetece ver?

2. ¿Qué saco del congelador? ¿Carne o pescado? ¿Qué prefieres?

3. Recuerda que el próximo fin de semana vamos a Sevilla. ¿Prefieres que vayamos en avión o en el AVE?

4. La verdad es que no se qué ponerme para la boda. Como el tiempo está tan inestable... ¿Tú qué dices?

5. No sé qué regalarle a Borja para su cumpleaños. Había pensado comprarle un disco compacto... ¿Sería mejor un libro?

### UNA PASO MÁS

**1. Escucha esta canción y completa la letra con las palabras que faltan.**

Ojalá que llueva café en el campo
que caiga un aguacero de yuca y té
del cielo, una jarina de queso blanco
y al sur, una montaña de berro y miel.
Oh, oh, oh, oh, oh.
ojalá que llueva café.
Ojalá que llueva café en el campo,
peinar un alto cerro de trigo y maguey,
bajar por la colina de arroz graneado
y continuar el arado con tu querer.
Oh, oh, oh, oh, oh.
Ojalá el otoño, en vez de hojas secas,
vista mi cosecha de pitisalé,
sembrar una llanura de batata y fresas
ojalá que llueva café.
Ojalá que llueva café en el campo.
Ojalá que llueva café en el campo.

# UNIDAD 5

### VAMOS A PRACTICAR

**1. ¿Eres una persona vital? Vas a escuchar un cuestionario. Contesta a cada pregunta, de forma personal, con SÍ / NO.**

1. ¿Prefieres salir y estar con otros, o quedarte en casa escuchando música?

2. ¿Te gusta conversar con todo tipo de personas y en cualquier circunstancia?

3. ¿Te interesa más el presente y el futuro que el pasado?

4. ¿Eres una persona entusiasta y positiva?

5. ¿Te cansas fácilmente?

6. En una fiesta, ¿eres el primero en marcharte?

7. ¿Eres el tipo de persona que organiza viajes, fiestas y cenas con los amigos?

8. Si te presentan a alguien, ¿te resulta fácil mantener una conversación?

### SE DICE ASÍ Y ASÍ SE ESCRIBE

**1. Escucha las siguientes conversaciones en la clínica del doctor Escudero y completa.**

1. – Verá, doctor, ayer tuve un fuerte dolor de estómago...
  – ¿Había comido algo?
  – Pues, había cenado lo normal, una ensalada y un filete.
  – ¿Le pasa con frecuencia?
  – Sí, sobre todo por la noche...
  – Bien, creo que podría ser **una úlcera de estómago.** De todas formas, voy a hacerle unas pruebas...

2. – ¿Qué tal, doña Soledad?
  – Ya ves, hijo, cada día más mayor...
  – ¿Y cómo se encuentra?
  – Me duelen mucho las piernas y los brazos... Casi no puedo andar...
  – Ya sabe, doña Soledad, que es **reúma** y en otoño los síntomas son más fuertes. Voy a recetarle unas inyecciones y...

3. – ¡Buenos días, doctor!
  – ¡Hola! Es la primera vez que viene, ¿verdad?
  – Sí
  – ¡Dígame!
  – Verá, tengo frecuentes dolores de cabeza, casi durante todo el día. Tomo calmantes, pero no me hacen nada.
  – ¿Tiene mucho trabajo, preocupaciones?
  – La verdad es que llevo dos meses trabajando sin parar... Estoy desarrollando un nuevo proyecto... La empresa no va bien... En fin.
  – Su problema es **estrés**, le afecta a mucha gente. Creo que unos tranquilizantes podrían ayudarle.

# UNIDAD 6

### VAMOS A PRACTICAR

**1. Escucha y anota las razones por las que Ana va a pedirle el divorcio a Luis.**

– ¡Es que no lo aguanto! Estoy harta, más que harta, hartísima.

– Pero, mujer, ¿qué te pasa?

– ¿Qué qué me pasa? Lo de siempre. Que no aguanto a Luis.

– Pero si decías que era un hombre estupendo...

– Sí, claro, hace tanto tiempo que ya ni me acuerdo.

– ¡Anda, cuéntame!

– Mira, no soporto que me diga siempre lo que tengo que hacer: Ana, Ana... Estoy harta de oír mi nombre y sus órdenes.

– ¿No eres un poco exagerada?

– ¡Qué va! Además me molesta que sea tan desordenado, que no me llame cuando llega tarde, que invite a sus padres todos los domingos a comer, que...

– ¡Ana!

– En serio, no lo aguanto. Pero.... ¿sabes qué es lo que más me molesta?

– ¿Qué?

– Que, siempre que discutimos, me diga que soy una histérica y que necesito ir al psiquiatra.

**2. Vas a escuchar un diálogo en el aeropuerto internacional de La Aurora, en la ciudad de Guatemala. Completa el diálogo con las palabras que escuches.**

– ¿Qué tal, vos?
– Bien, ¿y vos? ¿Qué haces por acá?
– Vengo a traer a mi hermano, que viene de Estados Unidos y pasará con nosotros este feriado.
– No sabía que tenías un hermano que viviera fuera.
– Sí, se fue hace diez meses y hoy vuelve por primera vez.

# UNIDAD 7

## VAMOS A PRACTICAR

**1. Señala con una cruz qué le recomienda.**

A.– ¿Vas a ir al cóctel de la Embajada?
  – La verdad es que no tengo muchas ganas de ir.
  – ¡Venga, anímate! Te recomiendo que vayas, siempre hay gente muy interesante.
B.– Esta tarde a las ocho hay una reunión de vecinos.
  – ¿A qué hora dices?
  – A las ocho.
  – No creo que pueda ir, los niños tienen clase de tenis a las siete y media. No creo que me dé tiempo.
  – Pues es importante que vayas. Se va a hablar del sistema de seguridad del edificio.
  – Bueno, lo intentaré.
C.– ¡Qué lata! La boda de mi primo Antonio es el sábado.
  – ¿Vas a ir?
  – La verdad es que no me apetece...
  – Pues si no te apetece, no vayas.
D.– ¡Madre mía, la reunión empezó hace media hora! ¿Qué hago? ¿Voy?
  – Sí, creo que es conveniente que vayas. Hay temas que te afectan directamente.

**2. Estos tres estudiantes extranjeros viven en Madrid. Escucha y dinos por qué recomiendan esta ciudad para vivir y para estudiar.**

1. Me llamo Sonia, tengo treinta y dos años y soy alemana. Para estudiar, pude elegir entre Pamplona y Madrid. Elegí la capital. ¿Por qué? Bueno, creo que en una ciudad grande la oferta cultural es más variada. Es verdad que la vida es más cara, pero yo tuve suerte, porque encontré un piso que comparto con tres chicas españolas. Como vivimos en un barrio donde todo el mundo se conoce, puedo disfrutar del ambiente familiar de un barrio pequeño en una ciudad grande.
2. Me llamo Xaris y soy de nacionalidad griega. Acabo de terminar un año de estancia en Madrid y he conseguido el diploma de Estudios Hispánicos. Elegí Madrid porque ya conocía otras zonas de España y tenía curiosidad por la vida en la capital. Me parece un lugar estupendo para vivir y estudiar porque, ¿sabes?, es la única ciudad de Europa que nunca duerme y a mí me encanta la vida nocturna... Es fácil conocer a mucha gente.
3. Me llamo Younsink y soy coreana. En septiembre comencé mis estudios de doctorado en Lingüística Española. Cuando no tengo clase, doy paseos por los parques y visito museos. Lo que más me gusta de Madrid es que tiene muchas zonas verdes. Estoy muy contenta en esta ciudad, pero echo de menos a mi familia y a mis amigos.

# UNIDAD 8

## VAMOS A PRACTICAR

**1. Indica de qué objeto están hablando en cada una de las conversaciones.**

1. – ¿En qué puedo ayudarle?
  – Verá: necesito un... una... bueno, no se cómo se llama.
  – ¿Para qué sirve?
  – Para limpiar, para limpiar el suelo de la casa.
  – ¿Una escoba?
  – Es como una escoba, pero limpia con agua y jabón.
  – ¡Una fregona! Sí, lo que busca es una fregona.
2. – Quería una... una... cacerola.
  – ¿De qué tamaño?
  – Bastante grande.
  – ¿Qué le parece ésta?
  – No, quiero una cacerola más baja.
  – ¿Más baja?
  – Sí, para hacer una paella.
  – Entonces, lo que quiere no es una cacerola. Es una paellera.

## SE DICE ASÍ Y ASÍ SE ESCRIBE

**1. Escucha las descripciones de estos personajes y señala a qué fotografía se refiere cada una.**

1. Es conocida en todo el mundo por ser la mano derecha y, dicen que el cerebro, de un hombre de gran poder. Lo más característico de su aspecto físico es su peinado, que sus asesores de imagen cambian cada vez que hace una intervención pública. Es abogada de profesión y los temas que más la preocupan son la sanidad y la educación.
2. Quien mejor la conoce ha dicho de ella que es una gran profesional. No destaca por su belleza pero, sin duda, es una mujer elegante y discreta. Es una persona muy humana, amante de la familia y de los animales. Es culta, siente pasión por la música clásica y dicen que tiene un carácter muy pragmático y realista.
3. Es una mujer de cierta edad, pero su aspecto es extremadamente juvenil y vital, quizá debido a las exigencias de su profesión. Ha dedicado toda su vida al mundo del espectáculo.

**2. Esta es la descripción que una colombiana da de Gabriel García Márquez. Toma nota de los adjetivos que utiliza.**

Gabriel García Márquez es un escritor famoso en todo el mundo hispánico, profesor universitario, articulista, hombre político, amigo y defensor de Fidel Castro. Es un autor prolífico. Principalmente escribe cuentos y novelas y ha recibido un gran número de premios, entre ellos, el Premio Cervantes correspondiente a 1994, y el Premio Nobel. Actualmente es uno de los intelectuales de más peso en el mundo.

# UNIDAD 9

## VAMOS A PRACTICAR

**1. Escucha y escribe los proyectos de Susanita para su futuro. ¿Qué le parecen a Mafalda esos proyectos? Apunta también las palabras o expresiones que te parezcan argentinas.**

– ¿Qué vas a ser cuando llegués a ser grande, Susanita?
– ¡Voy a ser madre! Primero voy a ser una señora, ¿no? Después voy a tener hijitos. Luego compraré una casa grande, grande, grande y un automóvil lindo y después joyas y luego tendré nietitos. Y esa será mi vida. ¿Te gusta?
– Sí, el único defecto es que no es una vida, es una carrera.

**2. Escucha el siguiente texto y di si es verdadero o falso. Después, con tu compañero/a opina sobre el problema de la falta de tiempo.**

Nunca tenemos tiempo para nada. Siempre soñamos con lo que haremos cuando estemos de vacaciones. Luego llegan los días de descanso y tampoco tenemos tiempo. A veces, volvemos a casa después de un mes en la costa o en la montaña más cansados que antes. Tenemos que aprender a organizar mejor nuestro tiempo o acabaremos estresados como el 79% de la población española. Pero cuando la tensión no es tan grave como para ir al psiquiatra, podemos seguir terapias alternativas como masajes, hidroterapia o algunas dietas que pueden resultar muy efectivas.

# UNIDAD 10

## VAMOS A PRACTICAR

**1. Escucha esta entrevista radiofónica y contesta a las siguientes preguntas:**

– Buenas tardes, señoras y señores. Tenemos hoy con nosotros a uno de los responsables del plan «Hoy no circula» al que queremos hacer algunas preguntas. Buenas tardes, licenciado. En primer lugar, explique a nuestros oyentes en qué consiste ese plan, por favor.

– Buenas tardes a todos. El plan «Hoy no circula» prohíbe a los propietarios de carros utilizarlos un día por semana según un sistema de colores.

– ¿Y cómo nació la idea?

– De la necesidad. Como todos ustedes saben, la Ciudad de México es una de las capitales más pobladas del mundo. Allí el aire está tan contaminado que resulta peligroso salir a la calle.

– Pero eso sucede en muchas grandes capitales del mundo, ¿no es cierto?

– Sí, es cierto, pero al problema de la superpoblación y el gran número de carros, hay que añadir la calidad de la gasolina, que en México tiene mucho plomo. Ahora estamos luchando contra eso también en colaboración con la UNAM (Universidad Nacional Autónoma de México).

– ¿Ve usted el futuro con optimismo?

– ¡Y claro! Hay mucho que hacer, pero entre todos, vamos a lograr una linda ciudad. Ya lo verá.

**2. Escucha y toma nota de las opiniones.**

Vicente Verdú, escritor y periodista español, escribió hace tiempo un artículo en el que se preguntaba: ¿cómo sería el mundo si mandaran las mujeres? Él mismo contestaba: mejor. Si las mujeres tuvieran más poder, habría menos guerras y más reuniones para resolver los problemas hablando. Según Vicente Verdú, la Historia la han escrito los hombres. Si la hubieran escrito las mujeres, ahora sabríamos también otras cosas que fueron importantes, pero que nadie ha contado. Claro que también existe el punto de vista de nuestra vieja amiga Mafalda: si las mujeres mandasen, los secretos de estado serían tema de cotilleos entre las presidentas. Y tú, ¿qué opinas?

# UNIDAD 11

## VAMOS A PRACTICAR

**1. Escucha las opiniones de María Rodríguez, presidenta de una asociación de consumidores, sobre la publicidad que aparece en las películas y series de televisión. Después, toma notas y contesta con tus propias palabras.**

– ¿Qué opina su organización de esta publicidad conocida como *product placement*?

– Nosotros pensamos que este tipo de publicidad deja al consumidor indefenso, sin armas ante las estrategias comerciales. Nos parece inadmisible que la publicidad y la información, o la publicidad y el entretenimiento no estén claramente separados.

– ¿Dónde suelen encontrar más a menudo esta publicidad?

– En todo tipo de medios de comunicación. El más conocido es el cine, pero la televisión, las revistas o la radio están llenos también.

– ¿Qué hacen ustedes contra ello?

– Lo mejor que podemos hacer es informar a la gente para que sepa cuándo le están informando sobre algo y cuándo se lo están vendiendo. Queremos que la gente aprenda a no dejarse engañar.

# UNIDAD 12

## VAMOS A PRACTICAR

**1. Escucha la entrevista que le hizo Soledad Alameda en agosto de 1997 a Álvaro Mutis, escritor colombiano, premio Príncipe de Asturias de las Letras en 1997, y resúmela poniéndola en estilo indirecto.**

– Usted es un novelista de éxito. ¿Tienen sus libros buena acogida en España?

– Me leen más en Francia, en Italia, en Alemania. Parece que los españoles están más interesados en novelas consideradas *light*.

– ¿Por qué cree usted que ocurre esto?

– No lo sé, quizá es por una reacción contra tantas guerrillas y gente pobre. Los problemas de América están lejos, pero ya le digo que no lo sé.

– Al darle el premio Príncipe de Asturias le denominaron escritor del realismo mágico. ¿Está usted de acuerdo?

– No, para mí el realismo mágico lo representan García Márquez y el romanticismo alemán, pero en mis libros no hay nada de esa línea.

– Cambiemos de tema. ¿Es cierto que nunca ha querido vivir de la literatura?

– Siempre he escrito al margen de la vida práctica que llevo, para ganarme la vida; y eso desde los dieciocho años, en que empecé a trabajar.

– Eso es muy extraño en un mundo de intelectuales.

– Pero ahí está el secreto de la cosa, en que no he llevado una vida de intelectual; nunca he participado en política. Jamás he votado, no me interesa. Sin embargo, me interesa la historia, casi más que la literatura.

– Es cierto, sus libros están llenos de referencias históricas.

– Es verdad, pero no vivo en círculos intelectuales, no va con mi carácter. Mi trabajo, mis viajes me han dado una visión del mundo más real, o eso me parece a mí.

– Dígame, ¿por qué vive en México?

– Tuve que irme de Colombia porque había ayudado a gente a escapar de la dictadura. De todas maneras, me hicieron un juicio y me llevaron preso. Gracias a esa experiencia de vida he escrito siete novelas.

## SE DICE ASÍ Y ASÍ SE ESCRIBE

**1. Cuando transmitimos las palabras de otros podemos usar otros verbos además de *decir*. Aquí tenéis algunos. Escuchad las conversaciones y completad lo que falta con uno de estos verbos, de acuerdo con el sentido de la frase.**

1. – ¿Qué te ha pasado?
   – Que Luisa y yo nos hemos peleado.
   – Bueno, pero **no será para tanto.**
   – Sí, sí, esta vez va en serio.
2. – Señor Ministro, los malagueños quieren saber si el AVE llegará por fin a nuestra ciudad.
   – Por supuesto, aunque durante trece años la administración anterior no hizo nada para conseguirlo, yo estoy en condiciones de tranquilizarles: ¡No se preocupen! Antes del año 2009 el tren de alta velocidad llegará a la capital de la Costa del Sol.
3. – Bueno, Paco, vamos a ver, ¿cómo van las reservas de golf para el otoño?
   – Me parece que van bien. Si seguimos así, tendremos una buena temporada.
   – ¡Ojalá no te equivoques!
4. – ¿Sandra? Hola, soy Francisco. Te llamo para invitarte a la fiesta que tenemos en casa la próxima semana, el viernes.
   – Me encantaría ir, pero no voy a poder.
   – ¿Por qué? Lo pasaremos de miedo, anda, anímate.
   – Si no es que no esté animada, es que ese día llegan mis padres y tengo que estar en casa.
5. – Sam, nos vamos a Salamanca unos días, ¿podrías ocuparte tú de la perra y del gato?
   – Sin ningún problema. Sabes que me encantan los animales.
6. – ¿Podemos dejar las motos aquí?
   – No estoy seguro, pero creo que no hay problema.
7. – Bárbara, deberías encargarte tú de atender a los estudiantes.
   – No me molestaría si tuviera tiempo, pero ya tengo demasiado trabajo.

# UNIDAD C

## VAMOS A PRACTICAR

**1. Escucha y completa la ficha con los datos necesarios.**

Ríase cuando se sienta estresado. Este es un consejo que dan en muchos centros médicos, sobre todo de Estados Unidos, como terapia de muchos de nuestros males. ¿Sabía usted que, cuando nos reímos, activamos 400 músculos de nuestro cuerpo? Pero además, según afirman los últimos estudios científicos, la risa fortalece el corazón, mejora la respiración, activa la circulación sanguínea y fortalece los lazos afectivos. Aunque, algunas veces, reírse también puede resultar perjudicial, como es el caso de problemas de corazón, o cuando se tengan cicatrices por una operación reciente.

**10. Escucha el mensaje que un oyente de Onda Cero ha dejado en el contestador de la emisora, para Temas de actualidad. Luego, contesta a las preguntas.**

Me llamo Alberto Gallardo y les propongo lo siguiente para el debate de alguno de sus programas. He observado los eslóganes publicitarios que aparecen en los distintos medios de comunicación y quiero protestar por la invasión del inglés que he notado en ellos. Les doy algunos ejemplos: *Be authentic. Just do it! The city that never sleeps.* Aunque hoy día la mayoría de los consumidores es capaz de traducirlos y entenderlos, no veo ningún interés en su uso y creo que en nuestro país, dominado ya por corrientes extranjeras, deberíamos hacer publicidad en español.

# Apéndice gramatical

Apéndice gramatical

Apéndice

matical

# Los signos de puntuación

## COMA

La coma corresponde a una pequeña pausa que exige el sentido de la frase. Puede coincidir con el final de entidades gramaticales bien definidas, por lo que es posible establecer algunas reglas que ayuden a su uso:

**a.** Se escribe coma:

- Detrás de la oración subordinada, cuando precede a la principal:
  *Cuando está de buen humor, es una persona encantadora.*
- Detrás de la prótasis condicional:
  *Si no es por ella, habrías olvidado los documentos.*
- Ante las subordinadas consecutivas:
  *Va a llover, de modo que ponte la gabardina.*
- Cuando se omite el verbo, por ser el mismo de la oración anterior:
  *Él tiene tres hijas; yo, un hijo y una hija.*

**b.** Se separan con coma:

- Los elementos de una serie de palabras o de grupos de palabras –incluso de oraciones de idéntica función gramatical– cuando no van unidos por conjunción:
  *Les ofrecieron manzanas, naranjas, uvas, peras, plátanos...*
  *Vendrán: Luis con su mujer, Ricardo y las niñas, María y Juan.*
  *Madruga, hace la compra, limpia el polvo, tiende la ropa y, además, escribe.*
- Los vocativos:
  *Antonio, vuelve pronto. Y entiende, hijo, que lo digo por tu bien.*
- Los incisos que interrumpen momentáneamente el curso de la oración:
  *Todos ustedes, que también son padres, me comprenderán muy bien.*
- Los adverbios y locuciones:
  *Me han dicho, no obstante, que puedo reclamar.*
  *Por supuesto, he ido varias veces. No lo necesito para nada, en realidad.*

## PUNTO Y COMA

El punto y coma marca una pausa más intensa que la determinada por la coma, pero menos que la exigida por el punto. Separa oraciones completas de cierta extensión, íntimamente relacionadas:
*He hecho el viaje en avión; mis hijos, en coche, alojándose en hoteles.*

## PUNTO

Es la mayor pausa que puede señalarse ortográficamente. Se emplea cuando, terminada una oración, se da comienzo a otra:
*No he votado por él. No estoy de acuerdo con su nombramiento.*
Se llama punto y aparte al que se pone al terminar un párrafo, si el texto continúa en otro renglón. Punto y seguido, cuando el texto sigue inmediatamente:
*Por la mañana llegaron a Segovia. Visitaron el Alcázar y el Acueducto y a continuación se fueron a Ávila.*
*Allí se reunieron con Miguel para comer.*

## DOS PUNTOS

Se utilizan para anunciar una cita literal en estilo directo:
*María me advirtió: «No pienso ir a esa fiesta».* También se usan antes de exponer una enumeración:
*Hay dos clases de personas: las que creen que hay dos clases de personas, y las que creen que no.*

## PUNTOS SUSPENSIVOS

Se emplean:

- Para dejar una oración incompleta, con su significado en suspenso:
  *Como no te andes con cuidado...*
- Para indicar que un texto que se reproduce no está completo. En este caso, los puntos suspensivos se ponen entre paréntesis o entre corchetes.

*Cerrando los ojos, intentó dormir [...] Pronto volvió a incorporarse.*

- Para expresar duda o vacilación:

  *Espera... deja que te explique... no es lo que tú crees...*

Después de etcétera o etc. nunca se ponen puntos suspensivos, por ser una redundancia.

## PARÉNTESIS

Se utilizan:

- Para interrumpir, con una frase aclarativa, el curso de la oración:

  *El resto de la tropa (que no había oído el aviso) fue desembarcado.*

- Para ofrecer una explicación o desarrollar una abreviatura:

  *Los P.N.N. (profesores no numerarios) apoyan la propuesta.*

## CORCHETES

Sustituyen al paréntesis en una oración que encierra, a su vez, otras palabras o frases entre paréntesis:

*Camilo José Cela [nacido cerca de Padrón (La Coruña)] suele escribir...*

## COMILLAS

Se emplean:

- Para reproducir textualmente lo dicho o escrito por alguien:

  *El entrenador ha declarado: «Les ganaremos fácilmente».*

  *Según Benavente, «es más fácil ser genial que tener sentido común».*

- Para destacar neologismos o palabras usadas con un significado no habitual:

  *Te vi ayer, en el parque, haciendo «footing».*

  *Me han hecho un buen «bollo» en el coche.*

- Para resaltar incorrecciones del lenguaje:

  *Nos dijeron que habían tomado un «taxis» para ir al «fútbol».*

- Para los sobrenombres o apodos:

  *Domenico Theotocópulos, «El Greco», vivió en Toledo.*

  *Ha sido detenido por la policía Txomin Birratúa, «Chobir».*

- Para los títulos de obras literarias o artísticas en general:

  *Me entusiasma «El Mesías» de Haendel.*

  *¿Has leído el «Cantar de Mio Cid»?*

## DIÉRESIS

Se utiliza para indicar que la u debe pronunciarse en las combinaciones gue y gui.

*Prefiero las cigüeñas a los pingüinos. Y no me avergüenzo de ello.*

## GUIÓN

El guión corto sirve para unir las dos partes de un término compuesto:

*Es una coproducción franco–española.*

*Odio viajar en coche-cama.*

El guión largo se usa en los diálogos para indicar los párrafos de cada interlocutor:

– *¿Por qué estás tan gordo?*

– *Porque nunca discuto.*

– *¡No será por eso!*

– *Bueno, pues no será.*

También se emplea el guión largo para marcar los incisos dentro de una oración, con la misma función que hemos visto en el paréntesis.

*Van a poner en libertad –será inevitable– a todos los acusados.*

## BARRA

Se usa:

- Para determinar símbolos técnicos: km/hora.
- Para expresar quebrados o fracciones: 3/5.
- Para indicar que una palabra puede tener diversas terminaciones: el alumno/a.

## INTERROGACIÓN Y EXCLAMACIÓN

En español, estos signos abren y cierran la oración. Su empleo es necesario al principio y al final.

- Los signos de interrogación se usan en oraciones interrogativas: *¿Qué quieres?*, y los de exclamación en expresiones exclamativas:

  *¡Qué dolor!*
- Tanto los signos de interrogación como los de exclamación se han de colocar en donde empiece y acabe el período interrogativo o exclamativo, respectivamente:

  *Y tú, ¿qué le has dicho?*

  *Tras ese preámbulo, ¡zas!, le soltó la noticia.*
- Cuando las exclamaciones o interrogaciones son varias y seguidas, se escriben con minúsculas y seguidas de coma:

  *¡Esto es inaudito!, ¡increíble!, ¡vergonzoso!*

  *¿Cómo lo has sabido?, ¿quién te lo ha dicho?, ¿dónde?*
- Cuando dos preguntas se suceden en el discurso, lo normal es que los signos de interrogación se coloquen en la última:

  *Qué ha dicho, ¿que no va a venir?*
- A veces estos signos se colocan entre paréntesis (!) (?) para indicar ironía, incredulidad, duda. sorpresa, etc.; en estos casos se usan los signos de cierre:

  *Dice que se ha enterado por la prensa (!).*

  *Fueron necesarios (?) tres años para acabar la obra.*

# Mayúsculas y minúsculas

Se escriben con mayúscula:
- Cualquier palabra que comience un escrito y las que vayan después de punto:

  *Hoy es jueves. Por la ventana entra un sol radiante.*
- Todo nombre propio o voz que haga las veces de tal, como los atributos divinos:

  *Raúl, López, El Todopoderoso, La Inmaculada...*

  *Lisboa, Guipúzcoa, Rocinante...*
- Los nombres y adjetivos que entren en la denominación de una institución, cuerpo o establecimiento:

  *El Ayuntamiento de San Sebastián, la Real Academia Española...*
- Las denominaciones de exposiciones, congresos y los nombres de disciplinas académicas, cuando formen parte de la denominación de una cátedra, facultad, instituto, etcétera:

  *Salón Internacional de Hostelería, profesor de Halterofilia Comparada,*

  *III Congreso de Domadores de Reptiles, Facultad de Numismática...*
- Potestativamente, los versos. Lo normal, en la actualidad, es escribir con mayúsculas el primero y los que van después de punto.

  *Te vas quedando atrás, España, entera,*

  *como la propia vida.*

  *Tus costas son los bordes de tu pena*

  *[...]*

Se escriben con minúscula:
- Los nombres de los meses del año, las estaciones del año, los días de la semana:

  *abril, septiembre, otoño, jueves, sábado...*

- Los tratamientos, cuando se escriben con todas las letras:

  *su alteza el príncipe Raimundo, su eminencia el obispo Gómez...*

- Los nombres de ciencias, técnicas, etc., en tanto no entren a formar parte de una determinada denominación que exija mayúscula:

  *La química, estudio de estadística financiera...*

- Los gentilicios, nombres de miembros de religiones y los nombres de oraciones:

  *vasco, escocés, evangelista, mormones, el credo, el avemaría...*

- Los nombres geográficos comunes y los adjetivos usados en ellos:

  *el golfo de Cádiz, las lagunas de Ruidera, el cabo de Gata, Andalucía occidental, Pirineos orientales, Rioja alavesa...*

# Separación de palabras

## CASOS ESPECIALES

**A donde / adonde:**

Se escribe junto cuando hay un antecedente expreso. En caso contrario, se escribe separado:

*He comido en el restaurante adonde tú vas siempre.*

*Antonio va siempre a donde le mandan.*

**Así mismo / asimismo:**

Es más frecuente su uso con el significado de igualmente. Entonces se escribe junto:

*A la documentación se adjuntará asimismo un curriculum actualizado.*

Si se escribe separado, cumple la función de adverbio + adjetivo:

*No hace falta que lo caliente. Me lo como así mismo.*

**Con que / conque:**

En el primer caso se trata de la preposición *con* + el pronombre relativo *que*:

*No hay en el mundo dinero con que pagarle.*

En el segundo, es una conjunción cuyo significado equivale al de *de modo que*:

*Conque te habías escondido ahí, ¿eh?*

**Si no / sino:**

Se escribe separado cuando la conjunción condicional *si* antecede al adverbio *no*:

*Avísanos si no vas a estar en casa.* Se escribe junto en el caso de la conjunción adversativa o del sustantivo *sino* (destino).

*No corta el mar, sino vuela...*

*Don Álvaro o la fuerza del sino.*

## SEPARACIÓN A FINAL DE LÍNEA

Como norma general, las palabras que no quepan en una línea, deberán dividirse para continuar en la siguiente, respetando tanto la sílaba como la formación etimológica:

*cua - tro      vos - otros      des - bor - da - mien - to*

Cuando la primera o la última sílaba de una palabra sea una vocal, no podrá quedar como último elemento de la línea, ni como primer elemento de la línea siguiente. Sería, por tanto, incorrecto:

*\* rubí -a   \* a - le jarse   \* recre -o   \* o - bligación*

Las letras que integran un diptongo o un triptongo nunca pueden separarse:

*bus - cáis   \* busca - is   guar - da   \*gu - arda*

*die - ciséis   \* diecisé - is   cie - los   \* ci - elos*

Cuando en una palabra dos consonantes seguidas formen parte de la misma sílaba, permanecen inseparables:

*cons - cien - te      \* con - sciente*

*re - frac - ta - rio      \* ref - ractario*

Las consonantes situadas entre dos vocales forman sílaba con la segunda:

*e - té - re - o     pro - hi - bi - do*

Las agrupaciones consonanticas **cl, cr, dr, tr, fl, fr, gl, gr, pl, pr, bl** y **br** forman siempre sílaba con la vocal siguiente.

| | | |
|---|---|---|
| *de - cli - nar* | *re - flu - jo* | *aco - pla - do* |
| *re - cru - de - ci - do* | *re - frán* | *de - pri - sa* |
| *co - co - dri - lo* | *re - gla - do* | *ca - ble* |
| *pa - tra - ña* | *ti - gre - sa* | *co - bri - zo* |

# El acento

## EL ACENTO ORTOGRÁFICO

Recae siempre sobre una vocal, de acuerdo con las reglas siguientes:

**Palabras agudas (— — —´»)**

El acento recae sobre la última sílaba. Se acentúan ortográficamente las acabadas en *vocal, n* o *s*. Las restantes no llevan acento ortográfico:

| | | | | | | | | |
|---|---|---|---|---|---|---|---|---|
| *está* | *canapé* | *corregí* | *capó* | *caribú* | *volverá* | *estéis* | *edecán* | *calcetín* |
| *moción* | *tener* | *edad* | *cartel* | *reloj* | *arcabuz* | | | |

**Palabras llanas o graves (— —´»—)**

El acento recae sobre la penúltima sílaba. Se acentúan ortográficamente las palabras acabadas en consonante que no sea *n* ni *s*. Las acabadas en vocal no se acentúan ortográficamente:

| | | | | | | |
|---|---|---|---|---|---|---|
| *récord* | *túnel* | *imbécil* | *álbum* | *vademécum* | *rádar* | *Cádiz* |
| *escoba* | *examen* | *cobre* | *cactus* | *Capri* | *desvelo* | *canon* |

**Palabras esdrújulas (—´»— —)**

El acento recae sobre la antepenúltima sílaba. Se acentúan ortográficamente en todos los casos:

| | | | |
|---|---|---|---|
| *electrónica* | *límite* | *lápices* | *tópico* |

## HIATOS Y DIPTONGOS

Cumplen las siguientes reglas:

**ia, ie, io, iu, ua, ue, ui, uo,** equivalen a una sola sílaba, salvo si llevan acento escrito en la *i* o en la *u*.

*patria   especie   rubio   paraguas   vuelo   subía   desvíe   baldío   cacatúa   actúe*

**ae, ao, ea, eo, oa, oe** equivalen a dos sílabas:

*maestro Bilbao   capea   recreo   boa       poema   Jaén   faraón   airéalo   alvéolo   aminoácido   poético*

Los diptongos siguen las reglas generales de acentuación, por lo que, cuando el acento recae en una sílaba que lleva diptongo, la tilde ha de colocarse sobre la vocal más abierta:

*comprendéis   Éufrates   cáustico   huésped*

Si el diptongo es **ui o iu,** la tilde debe colocarse sobre la segunda vocal. Este caso sólo se da en palabras esdrújulas o agudas:

*casuística       cuídame       huí*

Si, según las reglas generales, el acento recae en una sílaba que lleve triptongo, la tilde debe ponerse sobre la vocal más abierta, que ocupará, normalmente, el lugar central:

*santiguáis       averigüéis*

## DOBLE ACENTUACIÓN

Los únicos casos de palabras que conservan dos acentos de intensidad son:
- Los adverbios terminados en *-mente: comúnmente, ágilmente, simpáticamente*
- Las palabras formadas por dos o más que no llevan tilde, cuando resulte un vocablo esdrújulo:

  *espanta + lo: espántalo; come + te + lo: cómetelo*

# Vocabulario

## A

| | |
|---|---|
| a mano | (3) |
| a propósito | (2) |
| a través | (1) |
| a veces | (2) |
| abaratar | (6) |
| abarrotar | (1) |
| abierto(a) | (2) |
| abonar(se) | (13) |
| abrazar | (6) |
| abrir | (7) |
| abrochar | (1) |
| absorber | (14) |
| aburrido(a) | (10) |
| aburrimiento, el | (11) |
| acá | (1) |
| acabar | (11) |
| acabar | (2) |
| acceder | (4) |
| accidente, el | (3) |
| aceite, el | (15) |
| aceptar | (4) |
| aclarar | (15) |
| acompañar | (3) |
| acondicionado, aire | (9) |
| aconsejar | (8) |
| acordar(se) | (2) |
| actor, el | (2) |
| actriz, la | (2) |
| actual | (6) |
| acuerdo, el | (1) |
| acusado(a) | (6) |
| adaptar | (15) |
| adelgazar | (3) |
| además | (2) |
| adivinar | (9) |
| adjunto(a) | (14) |
| adolescente, el/la | (9) |
| adonde | (4) |
| adorno, el | (3) |
| aéreo(a) | (2) |
| aeropuerto, el | (3) |
| afectar | (6) |
| afición, la | (11) |
| afirmar | (1) |
| afuera | (9) |
| agarrar | (12) |
| agenda, la | (5) |
| agente, el/la | (2) |
| agitado(a) | (6) |
| agobiado(a) | (11) |
| agosteño(a) | (11) |
| agotado(a) | (3) |
| agradable | (11) |
| agresivo(a) | (10) |
| agricultura, la | (5) |
| agua, el | (3) |
| aguacero, el | (4) |
| aguantar | (7) |
| agujero, el | (9) |
| ahora | (1) |
| ahorrar | (3) |
| ahorro, el | (9) |

| | |
|---|---|
| aire, el | (9) |
| aislado(a) | (10) |
| aislar | (13) |
| al frente | (11) |
| alarmista | (12) |
| alcohólico(a) | (3) |
| alegrar(se) | (7) |
| alergia, la | (5) |
| algún(o)(a) | (1) |
| alivio, el | (7) |
| almuerzo, el | (5) |
| alojamiento, el | (2) |
| alquilar | (2) |
| alquiler, el | (2) |
| alto(a) | (6) |
| allá | (1) |
| allí | (1) |
| amargar | (11) |
| ambicioso(a) | (9) |
| ambiente, el | (12) |
| amenaza, la | (6) |
| amigo(a), el/la | (11) |
| amistad, la | (3) |
| amor, el | (3) |
| analgésico, el | (6) |
| análisis, el | (6) |
| anatomía, la | (5) |
| andar | (8) |
| anemia, la | (6) |
| animado(a) | (2) |
| animar | (15) |
| aniversario, el | (8) |
| anoche | (2) |
| anorak, el | (1) |
| ansioso(a) | (6) |
| antena, la | (7) |
| anterior | (2) |
| anterioridad | (2) |
| antes | (11) |
| antiguo(a) | (2) |
| anunciar | (11) |
| anuncio, el | (1) |
| año, el | (2) |
| apagar | (3) |
| aparato, el | (3) |
| aparcamiento, el | (13) |
| aparcar | (3) |
| apartamento, el | (7) |
| apasionado(a) | (9) |
| apático(a) | (9) |
| apenar | (7) |
| apetecer | (4) |
| apetito, el | (3) |
| apóstol, el | (2) |
| aprobar | (3) |
| apropiado(a) | (12) |
| aprovechar | (2) |
| aproximadamente | (2) |
| apuntar | (11) |
| aquí | (1) |
| arado, el | (4) |
| árbol, el | (2) |
| arreglar | (12) |

| | |
|---|---|
| arroz, el | (1) |
| artículo, el | (11) |
| artista, el/la | (14) |
| asegurar | (10) |
| asesinar | (14) |
| asfixiar | (14) |
| asiento, el | (2) |
| asignatura, la | (3) |
| aspecto, el | (11) |
| aspirina, la | (3) |
| astronomía, la | (5) |
| atasco, el | (4) |
| atender | (1) |
| atontar | (13) |
| atractivo(a) | (7) |
| atravesar | (2) |
| atrever(se) | (7) |
| aumentar | (6) |
| ausencia, la | (9) |
| autobús, el | (1) |
| automóvil, el | (7) |
| autónomo(a) | (11) |
| actividad | (1) |
| avanzado(a) | (15) |
| avión, el | (6) |
| avisar | (6) |
| ayer | (3) |
| ayudar | (2) |
| azar, el | (4) |
| azúcar, el | (3) |

## B

| | |
|---|---|
| baile, el | (11) |
| banco, el | (1) |
| bañar(se) | (8) |
| bar, el | (4) |
| barba, la | (9) |
| barco, el | (2) |
| barrio, el | (2) |
| bastante | (4) |
| basura, la | (3) |
| batata, la | (4) |
| batir | (15) |
| beber | (2) |
| bebida, la | (3) |
| beneficioso(a) | (15) |
| berro, el | (4) |
| besar | (7) |
| biblioteca, la | (8) |
| bicicleta, la | (12) |
| bien | (3) |
| billete, el | (1) |
| biodegradable | (14) |
| blanco, el | (4) |
| boca, la | (9) |
| boda, la | (8) |
| boleto, el | (4) |
| bolsa, la | (5) |
| bonito(a) | (2) |
| borde, el | (2) |
| bosque, el | (9) |
| botella, la | (9) |
| bricolage, el | (5) |

| | |
|---|---|
| brillante | (13) |
| brillo, el | (2) |
| brindar | (15) |
| bronceador, el | (15) |
| bruto(a) | (12) |
| bueno(a) | (1) |
| burlar | (7) |
| burocracia, la | (8) |
| buscar | (1) |

## C

| | |
|---|---|
| caballo, el | (9) |
| cabeza, la | (10) |
| cabezota, el/la | (5) |
| cable, el | (4) |
| cada | (1) |
| cadena, la | (10) |
| café, el | (3) |
| cajón, el | (2) |
| caliente | (3) |
| calmante, el | (13) |
| calle, la | (6) |
| cama, la | (4) |
| cambiar | (2) |
| camino, el | (1) |
| campo, el | (4) |
| canal, el | (4) |
| canal de pago, el | (13) |
| cáncer, el | (6) |
| canción, la | (4) |
| cansado(a) | (3) |
| cansancio, el | (2) |
| cantante, el/la | (2) |
| cántaro, el | (4) |
| capacidad, la | (9) |
| capucha, la | (1) |
| característica, la | (9) |
| caracterizar | (6) |
| cariñoso(a) | (9) |
| carne, la | (3) |
| caro(a) | (12) |
| carrera, la | (2) |
| carrete, el | (4) |
| carretera, la | (2) |
| carril, el | (12) |
| carro, el | (2) |
| carta, la | (5) |
| cartelera, la | (5) |
| cartera, la | (8) |
| cartero, el | (1) |
| casa, la | (1) |
| casado(a) | (9) |
| casar(se) | (2) |
| catarro, el | (6) |
| catear | (3) |
| catedral, la | (2) |
| causa, la | (12) |
| causado(a) | (6) |
| celebrar | (3) |
| céntrico(a) | (9) |
| centro, el | (4) |
| cerca | (2) |
| cereal, el | (9) |

cerrado(a)            (4)
cerrar                (2)
certificado(a)        (4)
cerveza, la           (9)
cheque, el            (7)
churro, el            (7)
cielo, el             (2)
cierto(a)             (6)
cine, el              (2)
circular              (12)
circunstancia, la     (6)
ciudad, la            (2)
civilizado(a)         (12)
claro(a)              (2)
clase, la             (3)
clausura, la          (9)
coche, el             (1)
coger                 (1)
colaborar             (12)
colar(se)             (12)
colegio, el           (9)
color, el             (2)
colorado(a)           (1)
comentar              (6)
comer                 (2)
comercial             (1)
comienzo, el          (9)
cómodo(a)             (9)
compañero(a), el/la   (2)
compañia, la          (4)
comparable            (2)
comparar              (13)
compartido(a)         (13)
compartir             (10)
competencia, la       (9)
completar             (1)
completo(a)           (9)
complicar             (13)
comportamiento, el    (15)
compra, la            (2)
comprar               (1)
comprender            (14)
comprobar             (6)
comunicar             (2)
concentrar            (13)
concierto, el         (4)
concursante, el/la    (9)
conducir              (2)
conectar              (4)
confesar              (6)
confirmar             (8)
confusión, la         (8)
congelador, el        (9)
conmoción, la         (2)
conocer               (5)
conocido(a)           (11)
consecuencia, la      (13)
conseguir             (7)
consejo, el           (2)
conserjería, la       (7)
considerar            (6)
constituir            (2)
construir             (9)

consulta, la          (6)
consultar             (5)
consumo, el           (12)
contacto, el          (9)
contaminar            (12)
contar                (1)
contenedor, el        (12)
contener              (1)
contentarse           (7)
contento(a)           (14)
contestador, el       (5)
contestar             (2)
contexto              (2)
continuar             (4)
contrario(a)          (11)
contratar             (10)
contrato, el          (14)
control, el           (13)
conveniente           (7)
convenir              (8)
conversación, la      (8)
convertir             (4)
convocar              (1)
coordinar             (11)
copa, la              (2)
copia, la             (5)
copiar                (3)
corazón, el           (1)
cordial               (2)
cordillera, la        (2)
corregir              (2)
correo, el            (2)
correr                (10)
corresponder          (1)
correspondiente       (3)
corrida, la           (9)
corporal              (5)
cortar                (1)
cosa, la              (3)
cosecha, la           (4)
costa, la             (2)
costumbre, la         (5)
creativo(a)           (9)
creer                 (2)
crisis, la            (6)
cristal, el           (7)
crítica, la           (7)
criticar              (13)
cruelmente            (14)
cruzar                (12)
cuándo                (1)
cuánto                (3)
cuarto de baño, el    (9)
cucharada, la         (4)
cuenta, la            (2)
cuidar                (3)
culpa, la             (3)
culto, el             (9)
culto(a)              (11)
cumpleaños, el        (3)
curar                 (1)
cuñado(a), el/la      (8)
curativo(a)           (6)

curiosidad            (1)
curioso(a)            (7)
currículo, el         (9)
curso, el             (2)
chalé, el             (9)
chaqueta, la          (4)
charlar               (11)
cheque, el            (2)
chico(a), el/la       (2)
chimenea, la          (3)
chocolate, el         (3)

**D**
dar                   (2)
darse cuenta          (11)
de acuerdo            (1)
de parte de           (1)
de repente            (2)
de sobra              (9)
deambular             (4)
debajo                (10)
deber                 (2)
decidir               (2)
decir                 (1)
declaración, la       (8)
declarar              (14)
decorar               (5)
dedicar               (10)
deducir               (6)
defender              (6)
defensor(a), el/la    (15)
deforestación, la     (14)
dejar                 (1)
delgado(a)            (9)
demasiado(a)          (1)
dentista, el/la       (10)
dentro                (7)
depender              (2)
deportista, el/la     (13)
deportivo, el         (7)
depositar             (12)
depresión, la         (10)
deprimido(a)          (1)
deprimir              (6)
derecho, el           (15)
derecho(a)            (2)
derrota, la           (6)
desahogar             (5)
desastre, el          (7)
descansar             (6)
descanso, el          (11)
desconocido(a)        (12)
describir             (1)
descubierto(a)        (10)
descuidar             (3)
desde                 (2)
desear                (7)
deseo, el             (9)
desierto, el          (10)
desordenado(a)        (7)
despedida, la         (8)
despedir              (13)
despertador, el       (2)

después               (1)
destinatario(a), el/la (7)
destino, el           (11)
destrozar             (5)
desvelar              (6)
detergente, el        (13)
devolver              (1)
día, el               (1)
diario(a)             (1)
dichoso(a)            (11)
dieta, la             (5)
diferencia, la        (13)
diferente             (1)
difícil               (3)
dificultad, la        (10)
digestión, la         (5)
dinámico(a)           (9)
dinero, el            (1)
dinosaurio, el        (10)
director(a), el/la    (11)
dirigir               (2)
discoteca, la         (13)
disculpar             (5)
discusión, la         (6)
discutir              (13)
disgustado(a)         (6)
disminuir             (5)
disparate, el         (7)
disponer              (4)
disponibilidad, la    (9)
distancia, la         (2)
distinto(a)           (1)
distraer              (5)
divertido(a)          (9)
divorciado(a)         (9)
doble                 (7)
doctor(a), el/la      (6)
doctorado, el         (2)
documento, el         (1)
doler                 (6)
dolor, el             (6)
doméstico(a)          (14)
domingo, el           (1)
don, el               (9)
doña                  (3)
dormido(a)            (10)
dormir                (2)
dormitorio, el        (9)
droga, la             (12)
ducha, la             (4)
duchar                (11)
duda, la              (14)
dulce, el             (11)
durante               (2)

**E**
economía, la          (5)
echar(se)             (3)
edad, la              (1)
edificio, el          (11)
editorial, la         (1)
efecto, el            (5)
egoísta               (10)

| | | | | | | | | |
|---|---|---|---|---|---|---|---|
| ejemplificar | (1) | esperar | (1) | fenomenal | (12) | gritar | (10) |
| ejercicio, el | (3) | espléndido(a) | (11) | feo(a) | (5) | gruñón, el | (14) |
| electricista, el/la | (5) | esquiar | (4) | feria, la | (13) | grupo, el | (11) |
| electricidad, la | (9) | esquina, la | (7) | fiebre, la | (4) | guapo(a) | (7) |
| electrónico(a) | (2) | estable | (9) | fiesta, la | (1) | guardar | (5) |
| elegir | (2) | estar | (1) | fila, la | (3) | guerra, la | (11) |
| embarazada, la | (13) | estar pendiente | (12) | filete | (1) | gustar | (1) |
| embarazar | (5) | estatura, la | (1) | filtrar | (2) | | |
| emigrar | (15) | estimado(a) | (2) | fin, el | (10) | **H** | |
| empezar | (1) | estimular | (5) | final, el | (11) | haber | (1) |
| empleado(a), el/la | (8) | estómago, el | (5) | financiar | (4) | habitación, la | (10) |
| empollón(a), el/la | (3) | estrés, el | (9) | finanzas, las | (14) | habitual | (2) |
| empresa, la | (2) | estropear | (9) | finca, la | (9) | hablante, el/la | (14) |
| encantado(a) | (11) | estudiante, el/la | (2) | fin de semana | (4) | hablar | (3) |
| encantar | (11) | estudiantil | (9) | fiscal, el/la | (8) | hacer | (3) |
| enciclopedia, la | (1) | estudiar | (7) | fisiológico(a) | (5) | hambre, el | (13) |
| encima | (1) | estudio, el | (1) | flexible | (6) | hartar | (12) |
| encoger | (3) | estupendo(a) | (7) | flor, la | (8) | hasta | (2) |
| encontrar | (1) | etiqueta, la | (3) | fluidez, la | (8) | helado, el | (15) |
| enchufe, el | (4) | evidente | (6) | foca, la | (3) | hermano(a), el/la | (3) |
| endulzar | (5) | evitar | (3) | folleto, el | (2) | hierro, el | (6) |
| energía, la | (5) | exagerado(a) | (3) | fondo, el | (2) | higiene, la | (13) |
| enfadado(a) | (1) | exagerar | (6) | forma, la | (2) | hijo(a), el/la | (3) |
| enfadar(se) | (3) | examen, el | (3) | foto, la | (1) | histérico(a) | (7) |
| enfático(a) | (1) | excelente | (2) | fotocopia, la | (2) | historia, la | (1) |
| enfermedad, la | (6) | excusa, la | (13) | fotógrafo, el/la | (2) | hoja, la | (4) |
| enfermo(a), el/la | (4) | exigencia, la | (2) | frase, la | (9) | hombre, el | (7) |
| enfrentamiento, el | (15) | existir | (13) | frecuente | (4) | honor, el | (2) |
| engordar | (1) | éxito, el | (3) | freír | (9) | hora, la | (1) |
| enorme | (2) | exorcizar | (1) | fresa, la | (4) | horno, el | (3) |
| enseñar | (3) | expectativa, la | (13) | frigorífico, el | (2) | horrible | (2) |
| entender | (3) | experiencia, la | (2) | frío, el | (13) | horroroso(a) | (7) |
| enterar | (11) | experto(a), el/la | (12) | frío(a) | (3) | hospital, el | (4) |
| entero(a) | (12) | explicar | (1) | fruta, la | (5) | hostelería, la | (2) |
| entonces | (11) | explicativo(a) | (9) | fumar | (3) | hotel, el | (2) |
| entrada, la | (1) | exportación, la | (2) | funcionar | (3) | hoy | (1) |
| entregar | (5) | expresar | (7) | fútbol, el | (3) | humor, el | (3) |
| entrevista, la | (1) | expresión, la | (9) | futuro, el | (12) | | |
| entristecer | (7) | externo(a) | (6) | | | **I** | |
| entusiasmar | (2) | extranjero, el | (2) | **G** | | idea, la | (2) |
| envejecimiento, el | (5) | extrañar | (7) | ganar | (15) | idealista | (9) |
| enviar | (2) | extrañeza, la | (12) | ganas, las | (7) | idioma, el | (12) |
| envidia, la | (14) | extraño(a) | (7) | garantizado(a) | (9) | igual | (4) |
| equipaje, el | (6) | extraordinario(a) | (14) | gas, el | (3) | igualdad, la | (12) |
| equipo, el | (10) | extrovertido(a) | (10) | gasolina, la | (12) | iluminación, la | (13) |
| equivalente | (9) | | | gastar | (3) | ilustración, la | (3) |
| equivocarse | (2) | **F** | | gato(a), el/la | (1) | imaginar(se) | (2) |
| error, el | (7) | fabuloso(a) | (9) | gemelos, los | (8) | impaciente | (10) |
| escoger | (10) | facciones, las | (5) | género, el | (9) | impedir | (8) |
| escribir | (1) | fácil | (7) | generoso(a) | (9) | impensable | (4) |
| escritor(a), el/la | (9) | facultad, la | (4) | gente, la | (1) | implorar | (1) |
| escuchar | (3) | falta, la | (2) | genuino(a) | (2) | importación, la | (2) |
| escultor(a), el/la | (2) | faltar | (6) | gimnasio, el | (13) | importante | (2) |
| escultura, la | (2) | familia, la | (3) | gobernante, el | (11) | importar | (1) |
| esencial | (7) | famoso(a) | (2) | golf, el | (6) | imposible | (7) |
| espalda, la | (6) | fantasma, el | (6) | gordo(a) | (3) | imprescindible | (3) |
| espárrago, el | (9) | farmacia, la | (5) | gorro, el | (8) | impresionado(a) | (6) |
| especial | (8) | fastidiar | (1) | gotear | (12) | impresionante | (2) |
| especializado(a) | (1) | fatal | (2) | grabar | (2) | impresora, la | (4) |
| especializar | (1) | favorecer | (5) | gracias, las | (1) | improbable | (7) |
| espectáculo, el | (2) | favorito(a) | (2) | gramatical | (9) | imprudente | (3) |
| espectador(a), el/la | (13) | felicitar | (3) | grande | (2) | impulsivo(a) | (9) |
| espejo, el | (1) | feliz | (5) | grifo, el | (12) | incluso | (2) |

| | | | | | | |
|---|---|---|---|---|---|---|---|
| ópera, la | (2) | periódico, el | (1) | prisa, la | (2) | red, la | (2) |
| operar | (4) | periodista, el/la | (1) | probable | (7) | referencia, la | (1) |
| opinar | (6) | perro(a), el/la | (3) | probablemente | (4) | referir(se) | (1) |
| opinión, la | (5) | persona, la | (4) | problema, el | (2) | reflexionar | (5) |
| oportunidad, la | (12) | personal | (5) | proceso, el | (6) | regalar | (8) |
| optimista | (9) | personalidad | (10) | producto, el | (13) | regar | (3) |
| ordenador, el | (1) | pescado, el | (4) | profesor(a), el/la | (3) | régimen, el | (5) |
| ordenar | (8) | piel, la | (6) | programa, el | (8) | registrar | (6) |
| organismo, el | (6) | piloto, el/la | (4) | prohibir | (4) | regresar | (11) |
| organización, la | (13) | pillar | (3) | pronto | (2) | regular | (3) |
| organizar | (10) | pintar(se) | (1) | propiciar | (6) | reír | (5) |
| origen, el | (14) | piragüismo, el | (11) | propietario(a), el/la | (10) | rejilla, la | (3) |
| original | (2) | piscina, la | (9) | proponer | (14) | relación, la | (1) |
| oscurecer | (9) | piso, el | (9) | provocar | (6) | relacionado(a) | (8) |
| oxígeno, el | (12) | pista | (1) | próximo(a) | (1) | relajado(a) | (1) |
| | | plan, el | (12) | proyecto, el | (6) | religión, la | (3) |
| **P** | | planear | (11) | prudente | (2) | reloj, el | (7) |
| paciencia, la | (7) | planeta, el | (15) | psicólogo(a), el/la | (10) | remedio, el | (5) |
| paciente | (9) | planta, la | (3) | psiquiatra, el/la | (11) | renovar | (2) |
| padre, el | (2) | plato, el | (3) | publicidad, la | (9) | renta, la | (8) |
| pagado(a) | (11) | playa, la | (2) | público, el | (7) | repetir | (6) |
| pagar | (11) | playero(a) | (11) | pueblo, el | (5) | reposo, el | (5) |
| página, la | (1) | población, la | (5) | puerta, la | (1) | reprochar | (1) |
| país, el | (2) | pobre | (1) | puerto, el | (2) | reproducir | (1) |
| pájaro, el | (2) | poco(a) | (11) | puesto, el | (2) | requisito, el | (8) |
| palabra, la | (3) | poder | (1) | punto, el | (2) | resaca, la | (2) |
| palacio, el | (2) | polémica, la | (9) | puntual | (4) | reserva, la | (4) |
| pantalón, el | (4) | político(a) | (1) | | | reservado(a) | (7) |
| pantalla, la | (1) | política, la | (1) | | | reservar | (1) |
| papelillo, el | (7) | polvo, el | (15) | **Q** | | resfriado(a) | (3) |
| paquete, el | (1) | polvo, hecho | (2) | quedar | (4) | resguardo, el | (3) |
| parar | (7) | pomada, la | (6) | quemar | (2) | residencia, la | (2) |
| parecer | (3) | poner(se) | (1) | querer | (2) | resignarse | (7) |
| pareja, la | (7) | portar | (10) | queso, el | (4) | resistir | (13) |
| parque, el | (2) | portero(a), el/la | (2) | quitar | (7) | resolver | (13) |
| parte, la | (1) | posible | (7) | | | respetar | (2) |
| pasado(a) | (1) | posiblemente | (1) | | | respirar | (3) |
| pasajero(a), el/la | (2) | positivo(a) | (11) | **R** | | respiratorio | (6) |
| pasaporte, el | (2) | postal, la | (2) | radio, la | (11) | resplandor, el | (2) |
| pasar | (1) | pragmático(a) | (9) | rápido(a) | (5) | responder | (6) |
| paseo, el | (2) | precio, el | (6) | raro(a) | (4) | respuesta, la | (9) |
| paso, el | (6) | preferir | (4) | rato, el | (4) | restaurante, el | (5) |
| paso (de cebra) | (1) | pregunta, la | (8) | ratón, el | (4) | resto, el | (2) |
| patata, la | (1) | preguntar | (1) | ratonera, la | (15) | resucitar | (1) |
| pausa, la | (5) | premio, el | (9) | razón, la | (1) | resultado, el | (6) |
| pedir | (5) | prensa, la | (1) | realidad, la | (1) | resultar | (5) |
| película, la | (7) | preocupado(a) | (1) | realizar | (9) | retraso, el | (1) |
| peligro, el | (13) | preocupar(se) | (1) | realmente | (3) | reunido(a) | (15) |
| pelo, el | (1) | preparar | (1) | rebelde | (9) | reunión, la | (1) |
| pellas, hacer | (3) | presencia, la | (9) | recado, el | (1) | revelar | (5) |
| permitir | (2) | presentar | (7) | recetar | (6) | revisar | (3) |
| pena, la | (2) | presidente(a), el/la | (12) | recibir | (2) | revista, la | (10) |
| penetrante | (2) | prestado(a) | (13) | recientemente | (9) | ridículo(a) | (7) |
| pensar | (2) | préstamo, el | (1) | reclamar | (5) | río, el | (12) |
| pensión, la | (8) | presumido(a) | (9) | recoger | (1) | rodilla, la | (4) |
| peor | (7) | presupuesto, el | (1) | recomendable | (13) | roedor, el | (15) |
| pequeño(a) | (1) | prevenir | (6) | recomendar | (8) | rogar | (8) |
| percibir | (6) | previo(a) | (11) | reconocer | (13) | rojo(a) | (2) |
| perder | (2) | previsto(a) | (13) | récord, el | (15) | rollo, el | (13) |
| perder(se) | (9) | primaveral | (6) | recordar | (2) | romper | (9) |
| perdido(a) | (8) | primer(o)(a) | (2) | recuerdo, el | (2) | ropa, la | (12) |
| perdonar | (14) | primo(a), el/la | (7) | recuperar | (6) | ruido, el | (4) |
| perezoso(a) | (10) | principio, el | (2) | rechazar | (12) | rumbo, el | (2) |

## S

sábado, el (1)
saber (5)
sacar (1)
salir (1)
salud, la (6)
saludar (1)
saludo, el (2)
salvar (12)
sandalias, las (7)
sangre, la (6)
sano(a) (12)
satélite, el (12)
satisfacer (9)
saturación, la (9)
secar (3)
sección, la (1)
seco(a) (4)
secretario(a), el/la (1)
seducción, la (9)
seguir (2)
según (1)
segundo(a) (3)
seguramente (3)
seguro(a) (3)
seleccionar (1)
semáforo, el (2)
semana, la (1)
sembrar (4)
sensato(a) (10)
sentar(se) (2)
sentido, el (8)
sentir (1)
señalar (3)
señor(a), el/la (1)
señorita, la (1)
separar (2)
sequía, la (12)
ser (1)
serio(a) (15)
servicio, el (10)
servir (2)
siempre (2)
sierra, la (5)
siesta, la (1)
siglo, el (2)
siguiente (1)
silencio, el (11)
simplemente (2)
sin embargo (4)
sino (12)
síntoma, el (6)
sitio, el (4)
situación, la (8)
situar (11)
sociable (9)
social (10)
sofá, el (9)
sol, el (2)

soler (1)
solicitar (1)
solidaridad, la (3)
solo(a) (2)
soltar (14)
soltero(a) (2)
solución, la (1)
sonar (3)
sonido, el (2)
sonnolencia, la (5)
sondear (4)
sonreír (11)
soñar (6)
sopa, la (1)
soportar (3)
sorprendente (7)
sorprender (1)
sorpresa, la (2)
sorteo, el (4)
sostener (6)
subida, la (2)
subir (3)
suceder (2)
sucio(a) (12)
sueldo, el (9)
suelo, el (14)
suerte, la (5)
suficiente (4)
sugerir (8)
supermercado, el (10)
suplicar (8)
suponer (6)
supresión, la (14)
sur, el (4)
surgir (2)
suspender (1)
sustituir (9)
sustituto(a), el/la (7)

## T

tabaco, el (3)
taco, el (5)
taller, el (1)
también (3)
tampoco (3)
tapa, la (7)
tapar (3)
taquilla, la (4)
tardar (1)
tarde, la (3)
tarjeta (de crédito) (3)
tarta, la (10)
teatro, el (2)
teclado, el (4)
tela, la (15)
telefónico(a), el/la (6)
teléfono, el (1)
televisión, la (10)
tema, el (12)

temer (1)
temperatura, la (5)
temprano (1)
tendencia, la (1)
tener (2)
tener derecho (15)
tensión, la (6)
terminar (2)
terraza, la (2)
ticket, el (3)
tiempo, el (1)
tienda, la (2)
tierra, la (2)
tila, la (3)
tilo, el (2)
tinto, el (4)
tío(a), el/la (2)
tipo, el (5)
tirar (3)
titulación, la (9)
titular, el/la (1)
tiza, la (5)
tocar (4)
todavía (2)
todo(a) (5)
tomar (2)
tomate, el (1)
tonto(a) (12)
toro, el (9)
torrencial (3)
trabajador(a), el/la (9)
trabajar (3)
trabajo, el (1)
traducción, la (14)
traducir (2)
traductor(a), el/la (10)
traer (1)
tráfico, el (2)
trágico(a) (14)
trampa, la (15)
tranquilizar (14)
tranquilo(a) (1)
transitado(a) (12)
transporte, el (4)
trasladar (2)
traslado, el (15)
traspuesto(a) (6)
transmitir (1)
tremendamente (13)
trigo, el (4)
tristeza, la (6)
tropezar (13)
tumba, la (5)

## U

últimamente (1)
último(a) (1)
urgente (9)
usar (9)

útil (7)
utilizar (3)

## V

vacaciones, las (1)
vacunar (5)
valiente (9)
vara, la (15)
variopinto(a) (2)
varios(as) (2)
vasco(a) (2)
vecino(a), el/la (4)
veintena (2)
velocidad, la (6)
vencer (13)
vender (1)
venir (1)
ventana, la (1)
ventas, las (14)
ver (1)
veranear (5)
veraneo, el (9)
verano, el (2)
verbena, la (11)
verdad, la (2)
vergüenza, la (3)
vestido, el (4)
vestir (2)
vez, la (2)
viable (6)
viaje, el (1)
víctima, la (6)
vida, la (2)
vídeo, el (4)
viejo(a), el/la (8)
vigilante, el/la (11)
vino, el (4)
virtual (4)
virus, el (12)
visión, la (2)
visitar (2)
vital (10)
vitaminas, las (5)
vivienda, la (4)
vivir (7)
volver (1)
vuelo, el (1)
vuelta, la (4)

## Y

y (1)
ya (1)
yoga, el (10)

## Z

zapato, el (9)
zumo, el (9)
zurdo(a) (9)